古代歷史文化研究輯刊

十九編

王明蓀 主編

第22冊

清代西北回族人口與回族經濟（下）

路偉東 著

國家圖書館出版品預行編目資料

清代西北回族人口與回族經濟（下）／路偉東 著 — 初版 — 新

北市：花木蘭文化事業有限公司，2018〔民 107〕

目 8+170 面；19×26 公分

（古代歷史文化研究輯刊 十九編；第 22 冊）

ISBN 978-986-485-418-9（精裝）

1. 人口分布 2. 回族 3. 清代

618   107002319

ISBN-978-986-485-418-9

9 789864 854189

古代歷史文化研究輯刊
十九編　第二二冊
ISBN：978-986-485-418-9

清代西北回族人口與回族經濟（下）

作　　者　路偉東
主　　編　王明蓀
總 編 輯　杜潔祥
副總編輯　楊嘉樂
編　　輯　許郁翎、王筑　美術編輯　陳逸婷
出　　版　花木蘭文化事業有限公司
發 行 人　高小娟
聯絡地址　235 新北市中和區中安街七二號十三樓
　　　　　電話：02-2923-1455／傳真：02-2923-1452
網　　址　http://www.huamulan.tw 信箱 hml 810518@gmail.com
印　　刷　普羅文化出版廣告事業
初　　版　2018 年 3 月
全書字數　506481 字
定　　價　十九編 39 冊（精裝）台幣 100,000 元

清代西北回族人口與回族經濟(下)

路偉東　著

目
次

圖　次

第八章　回族進士與清代西北回族
　　　　人口

　　從總體趨勢上來講，回族進士的產生是以一定規模的回族人口爲基礎的。因此，具有一定數據量且稍成體系的回族進士數據，對於回族人口史的研究，具有一定的指標意義。但是，進士的產生是典型的小概率事件，以這類數據爲基礎的研究常常面臨諸多的挑戰與質疑。本章工作主要是，通過對現有回族進士數據的空間分佈及規律進行分析和挖掘，繪製明清回族進士分佈地圖。[註1] 進而以此爲基礎，對回族進士與回族人口空間分佈的相關性進行分析，對兩者在空間集中度和平滑度上的差異給予合理的歷史學的解釋。

第一節　回族進士研究與現有數據特徵

　　科舉制度是中國古代選拔人才的考試制度，而進士則是科舉考試中通過最後一級的優勝者。對於天下幾乎所有的讀書人來講，考中進士，獲取功名，是讀書追求的終極目標，也是榮耀家族的重大事件。當然，要達到這一目標是非常不容易的。有清一代二百數十年間，文科常科考試共開 112 科，考取的滿漢進士人數總計約 26,849 名，平均每省、每科僅 10 餘名。[註2] 相比

〔註 1〕　在回族人口地理學中繪製回族人口地圖是非常重要的工作之一，繪製回族進士地圖，對於繪製回族人口地圖，具有重要的參考意義。馬金寶：《論回族人口地理學研究的幾個問題》，《回族研究》1997 年第 3 期。

〔註 2〕　毛曉陽、金甦：《清代文進士總數考訂》，《清史研究》2005 年第 4 期。

之下考取武科進士的人數更少，前後 109 科只取中 8,496 名，每省每科僅有 4
名。〔註3〕相較漢民，回民人數很少，空間分佈也極其離散。長期以來，經堂
教育作爲回族內部主要教育形式，其教學內容基本上以伊斯蘭經文爲主。另
一方面，回民又往往自視「雜居三教之間，濡染流俗，同化是懼，兢兢保
守，惟恐不及。」〔註4〕正是這種現實經歷，使得回民知識階層養成了只注重
阿文，而忽視、甚至抵制漢文的傳統。很顯然，在以儒家經典爲主要內容的
科舉考試中，回回人往往處於不利的地位。〔註5〕因此，相對漢民，回民士子
能考中進士更屬不易。但是，各地回民尚武，其風遠甚於漢人，後文的統計
數據也顯示，回族進士中武進士所佔的比例較高。因此，在武科的考試中，
相對於漢民，回人可能佔有一定的優勢。

　　從 2005 年第 1 期開始，《回族研究》連續刊載了楊大業《明清回族進士
考略》大作 20 篇。歷來回族研究，所依賴文獻都是傳統的漢文文獻。楊大業
比較全面地梳理了幾乎所有已知的漢文文獻，在史料沒有突破的情況下，這
一考證工作基本上已到了極致。考證結果，共得明、清回族進士 329 名，其
中清代文、武進士 244 名，約占總數的 3 / 4。〔註6〕已考明、清回族進士，按
省、府、縣三級行政區體系逐級注明其歸屬地。研究數據的空間精度，除個
別進士因史料原因無法確知其屬地外，其他絕大部分都定位到縣一級。比如，
金懷瑋，直隸順天府大興縣人。〔註7〕馬坁受，安徽安慶府懷寧縣人。〔註8〕
也有少數只定位到府州一級，甚或是只定位到一個更大的區域。比如，沙敬
業，江南人，乾隆年武進士；〔註9〕研究數據的時間精度一般都精確到某一具

〔註3〕 劉丹楓：《清代武進士仕途研究》，碩士學位論文，遼寧大學 2012 年，第 51
　　　 ～54 頁。
〔註4〕 金吉堂：《中國回教史研究》，北平：成達師範，1935 年，第 1 頁。
〔註5〕 路偉東：《清代陝甘人口專題研究》，上海：上海書店出版社 2011 年，第 57
　　　 ～58 頁。
〔註6〕 楊大業《明清回族進士考略》系列論文從《回族研究》2005 年第 1 期開始連
　　　 載，直至 2010 年第 2 期結束，中間除 2006 年第 1 期和 2009 年第 2 期未刊外，
　　　 其餘前後 20 期共刊文 20 篇。所有這些考證文章，最後結集成《明清回族進
　　　 士考略》一書，作爲《回族研究》創刊二十週年精品書系的一本，於 2011 年
　　　 由銀川：寧夏人民出版社，出版。如無特別說明，本章所引楊大業研究，皆
　　　 以《回族研究》刊載的論文爲準。
〔註7〕 楊大業：《明清回族進士考略（一）》，《回族研究》2005 年第 1 期。
〔註8〕 楊大業：《明清回族進士考略（四）》，《回族研究》2005 年第 4 期。
〔註9〕 楊大業：《明清回族進士考略（十七）》，《回族研究》2009 年第 3 期。

體年份，如薩琦，明宣德五年（1430）進士、〔註 10〕吳大成，康熙五十九年（1720）進士。〔註 11〕但也有少數只精確到年號或者廟號，個別甚至只精確到朝代。顯然，目前已考的 329 位回族進士數據，並不在一個統一的時間切面上，而是一個在較長時段內，逐年累積的結果。每位進士的戶籍、鄉貫或學額屬地所在的廳、縣名稱，也都是特定時間切面上的政區名稱。各省回族進士數據匯總結果見表 8.1。

表 8.1　明清回族進士分省統計

序號	省份	縣數	進士數*	序號	省份	縣數	進士數*
1	陝西	12	43	11	廣西	2	9
2	雲南	17	41	12	浙江	2	7
3	直隸	14	40	13	奉天	2	7
4	山東	15	40	14	湖北	4	6
5	江蘇	9	27	15	貴州	5	5
6	河南	13	25	16	廣東	2	3
7	福建	5	25	17	四川	2	3
8	甘肅	11	21	18	湖南	2	2
9	安徽	4	12	19	江西	1	1
10	山西	3	11	20	吉林	1	1
	小計	103	285		小計	23	44
					總計	126	329

數據來源：楊大業《明清回族進士考略（二十）》，《回族研究》2010 年第 2 期。
*號標注列縣的個數爲本省範圍內有回族進士分佈的縣匯總之數。

　　地圖展示的是特定時間切面上的靜態數據，中國古代歷史地圖的編繪，一般採取「古郡國題以墨，今州縣以硃」〔註 12〕的方法，在一張地圖上同時展示古、今兩種不同的歷史政區信息。但這種「古今朱墨」多色套印的方法，在面對更多時間切面的空間數據時，就完全無能爲力。對於明清回族進士數據的空間可視化來講，我們關心的不是數據在地圖上具體方位，而是數據不同方位上發生的頻率，也就是各個府、州、廳、縣在整個研究的時間序

〔註 10〕　楊大業：《明清回族進士考略（十一）》，《回族研究》2007 年第 4 期。
〔註 11〕　楊大業：《明清回族進士考略（十七）》，《回族研究》2009 年第 3 期。
〔註 12〕　〔北宋〕宋祁、歐陽修等撰：《新唐書》卷一七九《賈杜令狐》。

列中出現進士的頻數（人數）。因此，可以先把時間序列之內的所有進士數據，標準化到一個特定的時間切面上去。然後根據各廳縣進士產生的頻數高低，使用等級符號化的方法表達明清回族進士空間分佈的狀態。進而，也可以通過空間平滑或空間插值手段。比如，移動搜索法（Floating catchment area，FCA）或者核密度估計法（Kernel density estimation）等，把離散的點狀數據，轉換爲連續的面數據，從而更直觀的展示明清回族進士的空間聚合或離散狀態。

　　這個標準化的時間切面可以選擇 1820 年，原因有二：其一，這一年的行政區劃展現的是清朝極盛時期的疆域狀態，其涵蓋的空間範圍也是幾千年來歷史發展所形成的中國的範圍，〔註13〕空間數據相對比較完整。《嘉慶重修大清一統志》即以該年爲時間斷限，譚其驤先生主編的《中國歷史地圖集》亦以該年爲清時期的標準年代之一；其二，復旦大學中國歷史地理信息系統（CHGIS）有矢量化的 1820 年數據，可以直接使用，比較方便。爲了可以把329 條明清回族進士數據標準化到 1820 年時間切面上，需要對這一研究數據做如下調整和說明：其一，考證屬地精確到縣一級的，數據記錄到 1820 年的縣級治所點數據上。治所改名的，做相應調整。比如，康熙六年文進士賽玉弦，考證歸屬地是山東靖海衛，〔註14〕1820 年爲榮成縣；其二，考證屬地精確到府、州一級的，數據記錄到該府州的附廓縣治所點數據上。比如，道光二十七年（1847）文進士馬先登，考證屬地陝西同州府，〔註15〕1820 年屬地調整爲同州府附廓大荔縣；其三，考證屬地精確到省或大區一級的，數據記錄到相應省級治所首府附廓縣上。比如，乾隆武進士沙敬業，考證屬地江南，〔註16〕1820 年屬於指定爲江蘇江寧府上元縣；其四，某府州附廓縣有兩個以上者，數據合併到其中進士人數最多的一個縣中。比如，陝西長安府附廓縣有長安、咸寧兩縣，其中長安縣有 12 名回民進士數，咸寧縣僅有 1 名，兩縣數據合併到長安縣。

〔註13〕 譚其驤先生指出，十八世紀 50 年代清朝完成統一之後，十九世紀 40 年代帝國主義入侵以前的中國版圖，是幾千年來歷史發展所形成的中國的範圍。譚其驤《〈中國歷史地圖集〉總編例》，見譚其驤主編《中國歷史地圖集》第一冊《原始社會·夏·商·西周·春秋·戰國時期》，北京：地圖出版社，1987年。

〔註14〕 楊大業：《明清回族進士考略（三）》，《回族研究》2005 年第 3 期。

〔註15〕 楊大業：《明清回族進士考略（八）》，《回族研究》2007 年第 1 期。

〔註16〕 楊大業：《明清回族進士考略（十七）》，《回族研究》2009 年第 3 期。

第二節　回族進士的空間分佈及特徵

　　相對於全國人口而言，回族人口數量很少，所佔比例極低。從統計學的角度講，回族進士的產生是典型的小人口基數的小概率事件。對於某些州縣來講，這樣的事情只要發生一兩次，就會形成一個高發生率。對於另外一些州縣來講，沒有發生這種事情的結果就是零發生率；從另一方面來講，史料本身和史料中關於回族進士的記載都是不完整的，而研究者對有限的史料把握又不太可能完全窮盡。因此，基於這種有限史料考證的回族進士數並不是回族進士的全部，而只是其中的一部分，甚至是很小的部分。這種研究數據本身的缺漏，體現在地理空間上，必然加劇了空間分佈的不均衡性。

　　由於數據本身缺漏及隨機誤差等影響，研究者對這種小概率事件發生率的估計可能就不夠可靠。解決這類問題，比較常用的方法一般有兩種：其一，通過構建較大的地理單元，增加人口基數，降低研究數據的空間精度，從而人為增加數據的空間平滑度，最終獲得較為穩定可靠的事件發生率；其二，通過合併多年的統計數據，降低研究數據的時間精度，人為增加數據的空間平滑度，從而生成一個較長時間段內相對穩定的事件發生率。圖8.1是等級符號化後的明清回族進士空間分佈。

圖 8.1　明清回族進士空間分佈等級符號化

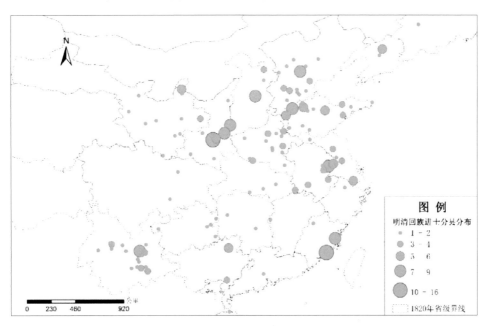

要對數據進行修正，減小因隨機誤差及數據缺漏等原因造成的小人口基數小概率事件空間分佈的異質性（heterogeneity）問題，可以使用移動搜索法對現有數據進行空間平滑。移動搜索法是以某點爲中心畫一個圓或者正方形作爲濾波窗口，用窗口內所有數據的平均值（或點密度）作爲該點的值。將窗口在研究區域內依次進行移動，就可以得到所有位置的平均值。平均值的變動幅度比原始觀察值的變動幅度小，從而實現數據本身和空間可視化上的平滑效果。該方法減少了區域可用性方法存在的問題，Luo 將其運用到美國 Illinois 缺醫地區的判斷，〔註17〕王法輝在進行中國南方臺語地名分佈的研究中也使用了這一方法。〔註18〕這些研究，雖然無法如經典統計學一樣，給出每一個數據的確切數值，但是都取得了較好的可視化效果。而且，在現實的應用案例中，這些極爲直觀的數據空間分佈狀態，已經可以滿足絕大部分的實際需要。

筆者在 200 千米窗口下，使用移動搜索法對數據進行了空間平滑。圖 8.2 是在平滑基礎上使用核密度估計法進行空間插值之後的回族進士分佈圖。

圖 8.2　空間平滑和插值之後的明清回族進士分佈

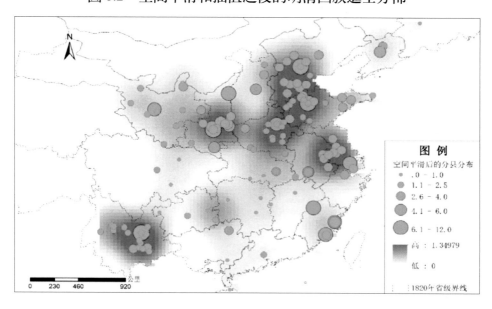

〔註17〕 Luo Wei. Using a Gis-Based floating catchment method to assess areas with shortage of physicians [J]. *Health & Place*, 2004, 10 (1): 1~11.

〔註18〕 王法輝：《基於 GIS 的數量方法與應用》，北京：商務印書館，2009 年，第 47～55 頁。

分級符號是使用移動搜索法對數據進行空間平滑之後的效果，分級色彩則是使用核密度估計法對數據進行空間插值之後的效果。從圖 8.2 上看，分級色彩的平滑度明顯要高於分級符號，這是因為，後者在前者基礎上進行了數據的再平滑。從空間分佈狀態看，明清回族進士主要分佈在長江以北地區，有大片彼此相連的聚集區。這個集中分佈的區域，大體從北京往南，經直隸中南部，直達山東中西部、河南中東部地區。由此往南、往西又連接兩大片區域，即往南的江蘇中西部、安徽中東部片區和往西的陝西中部、甘肅中東部片區。長江以南主要分佈在雲南中東部、浙北杭嘉湖、湘桂黔交界處以及福建沿海地帶。這其中浙北杭嘉湖實際上與又長江以北蘇皖集聚區連成一片。

根據傳統文獻的解讀，同治以前回族人口在宏觀的空間分佈格局上，具有明顯的「大分散、大集中」的特點。在微觀上，則主要分佈在平原近水及交通便利之區，遠離水源交通不便的內陸或山區則相對較少。是以回民間流傳有「回回不住關即住山」〔註 19〕的俗語，關即指城市關廂，亦或指水陸要衝。結合圖 8.2 的可視化效果，筆者把明清回族進士空間分佈比較集中的區域，大概劃分為以下六個大的區塊，分別是：

其一，南北向的京杭運河沿線地帶，從北向南包括直隸、山東、安徽、江蘇及浙江五省區；其二，東西向的黃河中上游沿線帶，從東往西包括河南、陝西、山西、甘肅等四省區；其三，東西向的長江中下游沿線帶，從東往西包括江西、湖北、湖南、四川、貴州五省區；其四，東南沿海區，從東北往西南包括福建、廣東、廣西三省區；其五，西南聚居區，包括雲南一省；其六，關外東北區，包括吉林和盛京兩省區。

為了更好的表現回族進士在空間上的分佈狀態和聚集趨勢，筆者對空間平滑並等級符號化之後的地圖做了兩方面的調整：其一，在分縣等級符號化圖層下面疊加分省等級符號化圖層。等級符號化的縣級圖層展現了明清回族進士空間分佈的細部節點，省級圖層則顯示了數據在空間上的聚合趨勢。需要指出的是，縣與省的符號化使用了不同的等級序列，疊加的分省等級符號化圖層只是為了增強數據在空間分佈上趨於聚合的視覺體驗，並不具有真正統計的意義；其二，疊加人工運河與自然河道圖層，由於缺乏道路數據，筆

〔註19〕 馬建春、郭清祥：《金城關回民居住區的歷史和現狀》，《蘭州文史資料選輯》
第 9 輯，1988 年，第 162～170 頁。

者暫以河道來模擬歷史時期的交通網絡。疊加河道圖層的目的，是想藉此對照查看數據在不同聚集區域內是否存在各向異性（anisotropy）以及數據的最大離散方向是否與交通線路一致。標準差橢圓（Standard Deviational Ellipse）是空間點模式分析中描述空間分佈離散趨勢的常用方法，〔註20〕圖 8.3 是使用 ArcGIS 提供的標準差橢圓工具圖，在一個標準差下計算的縣級圖層標準差橢圓，每個橢圓大約包含了各自區塊中 68%的輸入要素。標準差橢圓非常明確、直觀的展示了數據分佈的這種方向性趨向。

圖 8.3 手工分區基礎上的明清回族進士方向分佈標準差橢圓

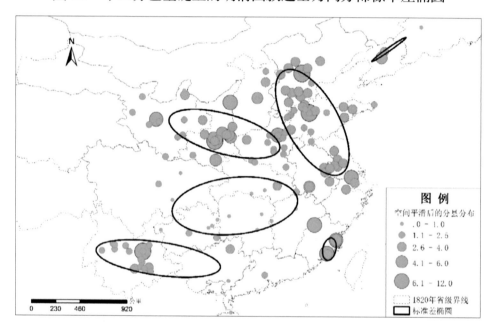

從圖 8.3 看，以上 6 個回族進士相對集中的區塊內部，數據在各個方向上的離散度存在明顯不同，各向異性顯著。與背景河道數據相對照，我們可以發現，各橢圓的長軸方向，也就是數據最大離散度方向，與人工運河、自然河道或海岸線重合度很高。這與我們通過傳統文獻獲知的，明清以來回族人口主要集中在沿江、沿海交通要衝之區的空間分佈態勢是相似的。〔註21〕這

〔註20〕 張志傑等：《空間點模式分析中離散趨勢的描述研究及應用》，《中國衛生統計》2008 年第 5 期。

〔註21〕 馬金寶：《回族人口分佈的地域特徵簡析——與其他幾個少數民族的比較》，《回族研究》2000 年第 4 期。

種相似性也表明，雖然楊大業謙虛地聲明已考回族進士只是全部回族進士的一部分，但確考的回族進士具有相當強的代表性，並且在空間分佈上是比較均衡的。但在部分地區，尤其是西北地區，也有顯著差異。是什麼原因導致了這一狀態，需要作進一步的量化分析，並給予合理的歷史學解釋。

第三節　回族進士與回族人口的分佈

　　本節主要內容是分析和探討回族進士空間分佈的規律與聚集趨勢，比較這種規律與趨勢，是否與回族人口空間分佈的規律與趨勢相脗合，並給予歷史學的解釋，這種比較研究可以在兩者空間分佈可視化工作的基礎上，提供更精細也更具說服力的分析。主要包括以下兩個問題：一、回族進士與回族人口在空間分佈上的脗合度；二、回族進士與回族人口空間分佈的集中度。

一、回族進士與回族人口空間分佈脗合度

　　回族進士數據的標準化與可視化只是研究工作的第一步，接下來需要檢驗回族進士與回族人口空間分佈狀態之間的脗合度。或者說，經過空間平滑和空間插值處理之後的回族進士空間分佈狀態，能夠在多大程度上反映或代表咸、同以前回族人口的空間分佈狀態？

　　要回答上述問題，我們需要有同一時間切面上、同等空間尺度和精度的回族人口數據。然而，目前學界對清代回族人口數量及分佈狀況的瞭解和研究還相當有限。除了西北地區和西南地區的雲南省清代回族人口規模及變動有比較系統深入地研究外，其他省域的相關研究成果較少。〔註 22〕根據既有史料和研究，我們只知道咸、同以前各省回族人口的大概情況，其中，西北地區人口最多，大概在 750 萬人左右，西南的雲南一省，人數亦較多，大概有 100 萬～150 萬人。其他省區缺乏具體的研究，從 20 世紀 40 年代的估計及 1953 年全國第一次人口普查數據來看，估計全國回族人口總數可能在 1,000 萬至 1,100 萬人左右。爲了進行兩組數據的相關性分析，我們對回族進士按省進行匯總，具體數據見表 8.2。

〔註 22〕路偉東：《清代陝甘回民峰值人口數分析》，《回族研究》2010 年第 1 期；路偉東、王新剛：《清代雲南回族人口規模變動研究》，見何明主編《西南邊疆民族研究》第 18 輯，雲南大學出版社 2015 年，第 90～101 頁。

表 8.2 清代分省回族人口和進士統計

序號	省名	回族進士	回族人口		各區進士占比	各區人口占比
			1940 年	1851 年		
1	直隸	40.0	40.0	31.1	11.83%	3.01%
2	江蘇	27.0	20.0	15.5	7.99%	1.50%
3	安徽	21.0	3.0	2.3	6.21%	0.23%
4	浙江	7.0	0.7	0.5	2.07%	0.05%
5	江西	1.0	0.2	0.2	0.30%	0.02%
6	福建	25.0	0.1	0.1	7.40%	0.01%
7	山東	40.0	15.0	11.7	11.83%	1.13%
8	河南	25.0	20.0	15.5	7.40%	1.50%
9	陝甘	64.0	150.0	800.0	18.93%	77.37%
10	山西	11.0	15.0	11.7	3.25%	1.13%
11	湖北	6.0	1.0	0.8	1.78%	0.08%
12	湖南	2.0	20.0	15.5	0.59%	1.50%
13	四川	3.0	15.0	11.7	0.89%	1.13%
14	廣東	3.0	2.5	1.9	0.89%	0.19%
15	廣西	9.0	2.0	1.6	2.66%	0.15%
16	雲南	41.0	50.0	130.0	12.13%	9.67%
17	貴州	5.0	2.0	1.6	1.48%	0.15%
18	遼東	8.0	16.0	12.4	2.37%	1.20%
	合計	338.0	372.5	1,034.0	100.00%	100.00%

雖然有 1953 年全國回族人口普查數據，但筆者仍然使用了 1940 年民族問題研究會的估計數，主要理由是，該數較爲準確，所涵蓋的人群也與清代回族人口最接近。1953 年人口普查數則把部分清代被視爲「回」的人群給排除在外了。另外，相對於一個以千萬計的清代回族人口規模來講，1953 年數據與 1940 年數據的精微差別，幾乎可以忽略不計；其他說明：人口單位萬；18 省數目因將八旗排除在外，陝甘合爲一條記錄；1851 年人數是在 1953 年人數基礎上按同時期全國人口年均增長率大概估計而得；陝甘及雲南 1851 年回族人口見前引文筆者研究。

　　對表 8.2 中的分省區的回族人口占比與回族進士占比兩組數據進行線性回歸分析，在 a＝0.05 的情況下，R＝0.682，P＝0.02。雖然 0.682 的 R 值顯示兩組數據顯著相關，但 P 值小於預設的置信度 0.05，因此不接受原假設，無法對 R 再進一步解釋。重新審視原始數據，西北的陝甘一處人口占比最高，達到 77.37%，雖然進士占比亦是最高，但也僅有 18.93%。如果將西北陝甘這

一異常值剔除，然後重新計算，結果 R＝0.592，P＝0.12。P 值大於預設的置信度，可以接受原假設。R＝5.92，按照一般的原則，屬於顯著性相關。這表明除西北的陝甘外，其他省區的回族進士空間分佈與回族人口空間分佈之間具有較爲顯著的相關性。也就是說，一般情況下，回族人口多的地方，回族進士分佈較爲集中，反之亦然。

二、回族進士與回族人口空間分佈集中度

回族進士與回族人口在空間分佈上的集中度差異與兩者在空間分佈上的脗合度和聚集趨勢，是一枚硬幣的兩面。分析這一問題，對更加全面、深入地認識回族進士與回族人口數據在空間分佈上的相互關係，有所幫助。在這一小節，筆者將使用人口集中指數模型度量兩者集中度差異，並通過洛倫茲曲線對這種差異進行可視化展示。這樣做，主要想回答如下兩個問題：1、兩者的空間聚集程度是否存在差異？2、如果存在差異，這種差異有多大？

集中指數是度量某一地理要素在地域上集中程度的指標，在社會經濟領域和公共衛生領域有較廣泛的應用。〔註 23〕地理學家使用人口集中指數（Index of population concentration，IPC）來分析人口分佈集中與分散化的變動趨勢。其計算公式如下：

$$\Delta P = \frac{1}{2} \sum_{i=1}^{n} \left| \frac{P_i}{P} - \frac{S_i}{S} \right|$$

式中 ΔP 爲人口集中指數；P_i 和 S_i 爲第 i 個子區域的人口數量和區域面積，P 和 S 分別爲整個父區域的總人口數和總面積數。計算結果 ΔP 的值在 0 和 1 之間，ΔP 值越小，說明人口向某些地域集中的偏向越小，越趨於離散，空間分佈越均匀；ΔP 值越大，說明人口向某些地域集中的程度越大，越趨於集聚，空間分佈越不均匀。顯然，人口集中指數是人口與面積加權的結果，較好反映了人口分佈相對於土地面積的集中和分散情況。既有研究表明，人口集中指數可以作爲人口空間分佈特徵的檢測指標。〔註 24〕具體研究數據見表 8.3。

〔註 23〕 魏衆、B·古斯塔夫森：《中國居民醫療支出不公平性分析》，《經濟研究》2005年第 12 期。

〔註 24〕 陳楠、林宗堅、王欽敏：《人口經濟學中的 GIS 與定量分析方法》，北京：科學出版社，2007 年，第 75～76 頁。

表 8.3 分省統計回族人口、進士及面積占比

序號	省名	面積占比 A	人口占比 B	進士占比 C	B-A	C-A
1	直隸	5.82%	2.91%	11.83%	0.03	0.06
2	江蘇	1.55%	1.46%	7.99%	0.00	0.06
3	安徽	2.11%	0.22%	6.21%	0.02	0.04
4	浙江	1.46%	0.05%	2.07%	0.01	0.01
5	江西	2.32%	0.01%	0.30%	0.02	0.02
6	福建	2.19%	0.01%	7.40%	0.02	0.05
7	山東	2.35%	1.09%	11.83%	0.01	0.09
8	河南	2.51%	1.46%	7.40%	0.01	0.05
9	陝甘	11.27%	77.73%	18.93%	0.66	0.08
10	山西	2.91%	1.09%	3.25%	0.02	0.00
11	湖北	2.68%	0.07%	1.78%	0.03	0.01
12	湖南	3.01%	1.46%	0.59%	0.02	0.02
13	四川	8.91%	1.09%	0.89%	0.08	0.08
14	廣東	3.07%	0.18%	0.89%	0.03	0.02
15	廣西	3.05%	0.15%	2.66%	0.03	0.00
16	雲南	5.64%	9.72%	12.13%	0.04	0.06
17	貴州	2.46%	0.15%	1.48%	0.02	0.01
18	遼東	36.67%	1.16%	2.37%	0.36	0.34
	合計	100.00%	100.00%	100.00%	1.41	1.02

各省域面積使用 CHGIS V4 數據，中國歷史地理信息系統（CHGIS）。

　　計算結果顯示回族人口集中指數 $\Delta P_{rk}=0.71$，回族進士集中指數 $\Delta P_{js}=0.51$，這表明在空間分佈上，相對於回族人口，回族進士更趨於離散，空間平滑度更高一些。圖 8.4 是用洛倫茲曲線（Lorenz curve）[註25] 展示的回族人口與回族進士分佈狀態。回族人口與回族進士洛倫茲曲線以面積排序的累計百分比爲橫軸，以回族人口和回族進士各自的累計百分比爲縱軸。

[註25] 爲了研究國民收入在國民之間的分配問題，美國統計學家（或說奧地利統計學家）M.O.洛倫茲（Max Otto Lorenz，1903～1907 年（或說 1905 年）提出了著名的洛倫茲曲線。意大利經濟學家基尼在此基礎上定義了基尼系數。

圖 8.4　回族人口與回族進士洛倫茲曲線

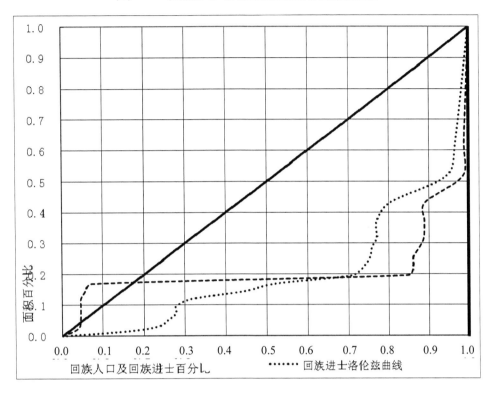

從圖 8.4 可見，超過 85% 的面積，只集聚了 20% 的回族人口。相對而言，回族進士的曲線明顯要比回族人口曲線弧度更大一些，洛倫茲曲線非常直觀地展現兩組數據空間分佈差異。

第四節　學額與分省取士：回族進士與人口在空間分佈上的差異

通過上文的分析，可以看到，回族進士與回族人口在空間分佈上的相關性與差異性就像硬幣的兩面，兩者相輔相成，同時存在。正確理解這一問題，我們需要給予合理的歷史學解釋與分析，是什麼原因造成了兩者在空間分佈的這種差異性。

清代的回民，是一個較為特殊的人們的群體。一方面，圍繞著回——漢差異而滋生發育起來的，回回人民族的認同，至少在明清之際就已經形成，就區分回、漢而言，有一條較為明確的界線。在法律層面上來講，清代的回回

是一個概念非常清晰、界線非常明確的人們的群體；另一方面，法律上非常明確的回回群體，似乎僅限於刑名獄訟。在一般社會日常生活中，回民與漢民並無太大不同。乾隆五十年（1785），因安徽巡撫書麟在奏摺中提及「回、漢鄉勇」等語，乾隆帝斥責到：「回人久隸編氓，即與百姓無異，何必爲之分晰？即欲分敘，亦當言漢民、回子，豈得率稱回、漢？此等最爲劣幕行文惡習。」〔註26〕可見，即便是在官方層面，只要不涉及刑名獄訟，回漢亦無差別。

在科舉方面，清人稱，回民「與科目、登仕版，朝廷一視同仁」，〔註27〕與編民幾無二致。回民中，「有志上進者甚多，應試服官，同於士庶，而以文武科名出身，洊登顯秩，爲國家宣力效忠者，常不乏人」，〔註28〕是以清代文武官員中，穆斯林出身者，相當多。嘉慶十九年（1814）十二月，陝甘學政韓鼎晉以地方回族人口眾多爲由，奏請增設回民學額，並仿湖南辦法，「歲科兩試，於卷面另列回民字號，凡文理稍順，量爲錄取一二，以示鼓勵。」〔註29〕此事遭到嘉慶帝的反對，在隨後的廷寄中諭稱，韓鼎晉奏請添設回民學額一款，斷不可行。「回民散居各省，所在皆有，非如苗民之聚集一方者可比湖南苗民另行編列字號，原所以示區別。若各省回民久與本處生童一體考試，如果文藝可觀，原准取入學額，並無多寡限制。若如該學政所請，將回民專列字號，則直省各州縣皆有回民，處處援以爲例，豈不將學額廣行侵佔？必致彼此攻訐，轉非相安之道。」〔註30〕

由上來看，在科舉考試體系中，回民既不享有苗民一樣的優待政策，似乎也沒有明確歧視性的限制措施。各地方回民學子與漢民學子相同，分享地方學額，靠個人能力入學晉級。在機會均等的情況下，獲取名額的多少，就與人口的基數有關。理論上，人口數量較多的群體，會獲得較多的份額。反之，人口數量較少的群體，獲得的份額會較少。從這個角度推理，假設回民受教育水平與漢民相同，那麼，就全國空間尺度來講，回族進士在全部進士中所佔的比例，大概等同於回族人口在總人口中占的比例。這是回族人口與

〔註26〕《清高宗實錄》卷一二三二，「乾隆五十年六月癸卯」條。
〔註27〕〔清〕楊毓秀：《平回志》，見中國史學會編，白壽彝主編《回民起義》第 3 冊，上海：神州國光社，1952 年，第 59 頁。
〔註28〕《清世宗實錄》卷九四，「雍正八年月甲戌」條。
〔註29〕〔清〕陝甘學政韓鼎晉：《奏爲敬陳陝西情形事》，嘉慶十九年十一月二十八日，檔案號 03-2500-041，中國第一歷史檔案館藏。
〔註30〕中國第一歷史檔案館編：《嘉慶道光兩朝上諭檔》，桂林：廣西師範大學出版社，2000 年，第 19 冊，第 981 頁。

回族進士在空間分佈上存在相關性的基本邏輯前提。

　　但從省域空間尺度來看，決定各省區進士錄取人數的核心要素不是各省的人口基數，而是「學額」。「學額」，顧名思義，就是錄取學生的額度。科舉考試的目的是選拔人才，初「一切以程文爲去留」，〔註31〕即以考試優劣作爲取捨的主要依據。但是，各地政治、經濟、文化等諸多方面的發展水平存在差異，人口、族群及財稅等項亦不相同。當局者在面對統轄區域內情形各殊的行政區域時，保證各地區都享有適度話語權與參與度的程序平等，往往可能比選拔人才本身更重要。於是，在什麼樣的空間尺度裏選拔所需要的人才，或者說，有限的錄取名額如何分配到國家的各個區域裏，就成了科舉考試中必須要面對的制度層面的問題。

　　清代科舉，分省取士是一項基本政策，學額的分配方式，一般按省、府、州、縣行政等級逐層分撥細化。考試共分童試、鄉試、會試三級，其中前兩級考試錄取考生都有額定人數。清人所說的學額通常指的是童試錄取名額，一般大府 20 名，大州縣 15 名，中州縣 12 名，小州縣七八名。咸、同年間，又允許捐資增加名額。〔註32〕第三級考試會試取中人數雖沒有明確的額度，個別省區不同年份間的錄取人數可能差額還相當大，但會試的中額人數是在有明確學額的童試、鄉試兩級考試的基礎上產生的。因此，實際操作中，大部分年份，各省每屆取中的進士數量相對比較穩定。〔註33〕各省進士人數的多少，大體反映了各省學額分配的比例。

　　現有的研究表明，錢糧、丁口是劃分學額的兩類基本依據。這其中，錢糧作爲衡量一個地方社會經濟發展最綜合的指標，是確定學額等級最原始、最深層的依據。〔註34〕錢糧、丁口，通俗地講就是納稅額度和人口基數，也就是綜合考量地方經濟發展水平和人口規模，顯然，這是一個綜合指標。這一指標，一方面可以確保那些承擔較多賦稅，人口密集的經濟發達地區得到相對較多的份額；另一方面，也可以使那些發展落後、人口稀少的邊遠地區分享一定的代表權和參與度。這在一定程度上，解決了學額在不同地區之間

〔註31〕　〔南宋〕陸游《老學庵筆記》卷五。
〔註32〕　徐根友：《武舉制度史略》，蘇州：蘇州大學出版社，1997 年，第 62 頁。
〔註33〕　謝海濤：《科舉錄取名額分配制度發展形成的歷史》，《福建論壇（人文社會科學版）》2009 年第 1 期。
〔註34〕　梁志平、張偉然：《清代府州縣學學額及專設學額的運作：基於長三角地區的研究》，《中國歷史地理論叢》2011 年第 1 期。

的平衡問題。

由上來看，學額的分配雖然考慮了人口的因素，但又和人口沒有直接關係。人口多的省份獲得的入學額度不一定就比人口少的省份多。繼續推理，回族人口多的省份，回族進士產生的數量，也不一定比那些回族人口相對較少的省份多。某一省份回族進士多少，只與本省學額數量和回族人口在全省總人口中所佔比例高低有關，正是這種原因，導致了回族進士在空間分佈上，比回族人口更加平滑。

第五節　回族進士估計規模與可考數量較少的原因

整個清代文、武進士合計，其數總計共約 36,300 餘人。去除八旗進士約 1,900 名，合計總數約 34,400 餘人。這其中，回族文、武進士僅有 244 名，只占總數的 0.71%。清代人口峰值出現在太平天國戰前，總數大約 4.36 億，〔註35〕按 0.71% 的比例估算，則清代回民峰值人口大約 310 萬。而實際上，清代回民峰值人口僅陝甘地區就高達 750 萬口左右。顯然，這一人口規模，遠遠低於實際的回族人口規模，已考的 244 名回族進士只是清代回族進士的一小部分，除此之外，還有大量我們目前未知的回族進士。

那麼，這部分未知的回族進士人數大概有多少呢？或者說清代回族進士的總數大約有多少呢？按照前面的論證邏輯逆向推理，假如知道清代回族峰值人口數量，我們就可以推算清代回族人口在總人口中所佔的比例。這一比例又大概等同於回族進士在全部進士中的比例。以此繼續推算，我們就可以得到最終的答案。那麼，清代全國回族人口峰值是多少呢？

1953 年全國第一次人口普查是中國第一次現代意義上的人口普查，這次人口普查的數據質量非常可靠。普查數據顯示，截至 1953 年 6 月底，全國回族人口總共 355.9 萬。〔註36〕歷史上的回回族群，或者說清人視野裏的回回人，是以現代意義上的回族人為主體，並且包括了其他被視之為「回」的（比如撒拉人、東鄉人和保安人等穆斯林人口）人們的群體。〔註37〕根據這

〔註35〕葛劍雄主編、曹樹基著：《中國人口史》第五卷《清時期》，上海：復旦大學出版社，2000 年，第 704 頁。

〔註36〕國家統計局人口和社會科技統計司編：《中國人口統計年鑒 1988》，北京：中國展望出版社，1988 年，第 273 頁。

〔註37〕胡雲生把清代的回回人區分為狹義和廣義兩種，狹義的回回是中國境內漢語區的伊斯蘭文化共同體，廣義的回回則是中國境內全體穆斯林。胡雲生：《論

一定義重新計算，那麼，第一人口普查中符合清人視野裏的回回人口，大約有 375 萬。〔註38〕

這一人口數與 20 世紀 40 年代延安出版的《回回民族問題》一書中給出的 20 世紀 40 年代初全國回回民族人口 372.5 相比，〔註39〕非常接近。因此，《回回民族問題》在匯總同時代日本人調查結果、相關期刊記載的調查數據、民國二十四年（1935）以來的政府人口統計以及各地回民個人調查報告等資料的基礎上，估算的全國回回人口規模相當可靠。20 世紀 40 年代，全國的回回人口規模大概也就在三百七八十萬，最多不超過 400 萬。這其中，陝甘寧青，也就是清代陝、甘兩省區域內的回族人口接近總數的四成，大約有 140 萬，其他地區超過總數的六成，大約有 230 餘萬。詳請參見表 8.4。

表8.4　20 世紀 40 年代初全國回回民族人口統計表

地　　區	人口（萬人）	全部回族占比
陝甘寧青*	140	37.6%
雲南	41	11.0%
其他地區	191.5	51.4%
合計	372.5	100%

回族人口數據以民族問題研究會編《回回民族問題》，延安：民族問題研究會，1941 年，第16～17 頁《全國回回民族人口統計表》爲基礎改編；*號標示「陝甘寧青」區域內的回族人口，即清代陝、甘兩省轄區內的回族人口。

同治元年（1862），西北戰爭爆發，此後十餘年間，受戰亂災荒的影響，陝甘地區人口慘遭重創，損失數量以千萬計。這其中，回回人口損失的絕對數量雖遠少於漢人，但就相對比例而言，則非常驚人，部分地區幾乎到了亡族滅種的地步。以陝西省爲例，戰時回族人口損失超過 90%。20 世紀 40 年代的這三百七八十萬的回回人口規模及其分佈狀態，是在同治西北回民戰爭後，歷經了七八十年恢復發展的結果。

西北之外其他地區，雲南省回族人口因受杜文秀戰爭的影響，清代中期

　　清代法律中的回回問題》，《回族研究》1998 年第 4 期，第 29～36 頁。

〔註38〕375 萬的人數是第一次全國普查中回族、東鄉放、撒拉族、保安族等人口匯總的結果。

〔註39〕民族問題研究會編：《回回民族問題》，延安：民族問題研究會，1941 年，第16～17 頁。

與後期的數量差別也很大，根據現有研究，清中期雲南回族人口峰值大概在130萬左右。〔註40〕其他省區，沒有經歷和西北、西南地區一樣，對局部地區造成重要影響的人口損失事件，因此這些區域的回族人口發展，基本上與全國人口發展態勢，保持同步。這期間，全國人口從1851年清代峰值4.36億增長到 1953 年 5.82 億，〔註41〕百餘年間大約增長了 33.5%，年均增長率約2.84‰。如果按這一比例進行估算，那麼，同治戰前，陝甘、雲南以外地區，回族人口大約有 140 萬左右。即使把回民俗尚早婚、生育意願強、人口增長速度高於平均水平等因素都考慮在內，同治戰前，在陝甘、雲南以外的其他所有地區內，回族人口也就在 150 萬上下，最多不會超過 200 萬。根據現有研究，同治戰前西北回族人口峰值約 750 萬左右，雲南回族人口峰值 100 萬～150 萬。合而計之，清代全國回族人口峰值大約在 1,000 萬至 1,100 萬人左右。這其中，僅西北地區回族人口，所佔比例就超過 70%，西北地區與西南的雲南合計，所佔比例更是遠超 80%。因此，清代中期回族人口在空間分佈上的不均衡性，遠勝於現在。

　　以 1,100 萬計，回族人口在總人口中的比例大約是 2.5%。按這一比例推算，有清一代，回族進士總數估計有 800 人～900 人。這其中，除了楊大業已考證的 244 名文武進士外，大概還有約 600 多名的回族進士，等待我們去研究考證。

　　可考回族進士較少，尚不及總數三分之一，造成這種狀況的原因是多方面的，最表面的原因就是史料中關於回族進士的記載太少，零星瑣碎且不成體系。然其背後更深層次的原因，值得我們去認真地思考和分析。

　　從更寬廣的視野來看，不單是回族進士，傳統文獻中，但凡是與回民有關的記載都比較少。這一點，在地方志中表現地最為明顯，很多回族人口眾多，回民聚族而居州縣的方志中，對本地回族人口的具體情況，都輕描淡寫，言焉不詳，抑或是有意無意地進行迴避。同治以前，陝西為回民世居之所，尤以三府二州〔註42〕中的蒲城、富平、臨潼、渭南及大荔五縣，人數最多，分佈最為集中，史稱「五縣犬牙交錯，回村居其大半」。〔註43〕但在乾隆《重

〔註40〕 路偉東、王新剛：《清代雲南回族人口規模變動研究》，《西南邊疆民族研究》第 18 輯，昆明：雲南大學出版社，2015 年，第 78～89 頁。

〔註41〕 5.82 億人口不包括臺灣及海外華僑不包括在內。

〔註42〕 三府二州指的是西安府、同治府、鳳翔府三府和乾州、邠州二州。

〔註43〕 〔清〕余澍疇：《秦隴回務紀略》卷一，見中國史學會編，白壽彝主編《回民

修鳳翔府志》、道光《大荔縣志》中，均見不到任何與回民有關的記載。陝南西鄉縣是四大門宦之一嘎迪林耶始傳人祁靜一最初傳教的地方，相傳有十餘坊，回族人口眾多，〔註44〕但道光《西鄉縣志》中亦無任何關於本地回民的記載。更有甚者，不惜編織謊言，故意掩蓋地方回族人口的眞實狀況，如盧坤《秦疆治略》稱澄城縣「各村聚族而居，每處不過三四姓及五六姓不等，並無回民」。郃陽縣「除鎮店外，每一村堡皆聚族而居，不過一二姓，多則三四姓，均係老戶，並無寄籍客民，亦無回民」。乾州更是「境內居民皆係土著，無五方雜處寄居之人，亦無回民」。郃陽、澄城及乾州，皆在三府二州範圍之內，回族人口不是沒有，而是數量相當多。這種情況可能不僅僅存在於陝西一省，估計其他回民聚居的省份亦是如此。

地方志是地方強勢利益集團文化道德評價標準的集中體現，在儒家文化占主導地位的傳統社會中，回民這個信奉伊斯蘭教的文化弱勢族群本來就是被邊緣化、被忽視的對象，從這一點出發，地方志中缺少與之有關的內容，也就不足爲奇了。

另一方面，長期以來，作爲回族內部主要教育形式的經堂教育的主要教學內容，基本以學習伊斯蘭經文爲主。而回民自己，又往往自視「雜居三教之間，濡染流俗，同化是懼，兢兢保守，惟恐不及。」〔註45〕正是這種現實經歷，使得回民知識階層養成了注重阿文，忽視漢文的傳統。這使得回民在以儒家經典爲主要內容的科舉文科考試中，處於不利的地位。〔註46〕是以清代回民登科入仕者雖不乏其人，但武科出身者比較多，這一點從楊大業先生的考證中，看地非常清楚。也正因爲如此，在清代主流的社會文化中，他們是缺少話語權的弱勢群體。反過來，這種情況又導致了回民弱化和忽視對於自身歷史及現狀的記錄與整理。這是我們今天所能見到的與回民有關的史料相當缺乏的一個重要原因。清人言，「凡以回籍服官者，存擢至三品，即須出教。以例得蒙賞吃肉，不能辭也。」〔註47〕可見，對於那些有幸通過重重考

起義》第 4 冊，上海：神州國光社，1952 年，第 218～220 頁。

〔註44〕馬士年：《伊斯蘭教在陝西的傳播發展與演變》，見寧夏哲學社會科學研究所編《清代中國伊斯蘭教論集》，銀川：寧夏人民出版社，1981 年，第 210 頁。

〔註45〕金吉堂：《中國回教史研究》，北平：成達師範，1935 年，第 1 頁。

〔註46〕路偉東：《清代陝甘人口專題研究》，上海：上海書店出版社 2011 年，第 57 ～58 頁。

〔註47〕〔清〕徐珂：《清稗類鈔·宗教類·回教徒不食諸肉》，北京：中華書局，1986

試，最終得以文武科名出身，洊登顯秩的回族官員來說，在以傳統儒教爲普世價值的清朝政府裏堅守自己眞主唯一的宗教信仰和宗教禁忌，並不是一件容易的事。對於大部分回籍官員來講，掩飾甚或刻意隱瞞自己的穆斯林身份，是一件情理之中的事。

中田吉信對《清史稿》、《清史列傳》等清代主要傳記中的回姓人物進行匯總分析後發現，總計 17 個回族士紳中，明確記載爲穆斯林出身的，只有哈國興和薩龍光兩個人。〔註 48〕其中最爲誇張的要屬馬新貽，他是山東菏澤縣城東北西馬垓村人，道光二十七年（1847）丁未科進士，先後任安徽建平知縣、合肥知縣、安徽按察使、布政使、浙江巡撫等職，最後官至兩江總督兼通商大臣。死後同治帝親賜祭文、碑文，特贈太子太保，諡端敏。就是這樣一位生前身後均聲名顯赫的回族官員，不論在他的傳記中、〔註 49〕他的墓誌銘中，〔註 50〕還是在他家鄉的縣志中，〔註 51〕均沒有關於他出身穆斯林的任何記載。只在野史筆記中，才可以看到其回教族屬的蛛絲馬蹟。〔註 52〕由此來看，清代回族文武進士大部分都不可考，也就不足爲奇了。

第六節　本章小結

本文使用合併多年統計數據，生成一個較長時間段內相對穩定事件發生率的方法，對回族進士這種小人口基數小概率歷史事件發生的頻率進行了處理。並在此基礎上，使用 GIS 手段，對回族進士與回族人口的空間分佈進行了比較研究。通過分析兩者的相關性與差異性，主要想探討已考回族進士數據對於研究歷史時期回族人口的規模及空間分佈是否具有指標意義。

研究表明，兩者的空間分佈脗合度較高，相關性較爲顯著。除個別地區外，回族進士的空間分佈可以大體反映回族人口的空間分佈狀態。與此同時，

年，第 15 冊，第 32 頁。

〔註 48〕〔日〕中田吉信著、陳健玲譯：《清代回族的一個側面》，《回族研究》1992年第 1 期。

〔註 49〕《清史稿》卷四三二；《清史列傳》卷四九。

〔註 50〕繆荃孫編：《續碑傳集》卷二六「馬端敏公神道碑銘」。

〔註 51〕光緒《新修菏澤縣志》。

〔註 52〕〔清〕張祖翼《清代野記》卷下載「馬新貽，字谷山，山東河菏澤人，世爲天方教。」又〔清〕薛福成《庸盒筆記》卷三載「馬（新貽）公先世出於回教」，故馬新貽爲回族當無疑問。

兩者之間的差異性也較明顯，相對來講，回族人口的空間集中度更高一些，而回族進士在空間上更趨於平滑。造成這一現象的主要原因是清代分省取士的學額分配制度。

研究顯示，目前已考的回族進士具有較強的代表性，相信隨著研究的逐漸深入，可考回族進士的數量會不斷增加，回族進士數據對於研究歷史時期回族人口規模及分佈的指標意義也會不斷增強。

第九章　清代西北回族經濟

　　人類的經濟活動與各種社會活動及其制度緊密相連，而人口則是一切社會活動的主體。因此，研究歷史經濟問題，對正確認識非孤立的人口過程和人口現象在整個社會經濟發展中的實際位置，眞正把握人口變動和人口發展的根本原因和基本趨勢具有重要的指導意義。對於人口史的研究來講，歷史經濟問題雖然不是研究的直接對象，但卻是研究的重要切入點。回族經濟史研究是回族史研究中頗具特色的一個分支，前人早有關注，尤其自 20 世紀 50 年代以來，隨著大規模的社會調查和史料編纂，相關研究如雨後春筍般湧現出來，成果非常豐碩。但就整體而言，目前的回族經濟史研究仍然相當薄弱。不但區域與行業間研究的不平衡性表現的較爲突出，而且拓展性研究、比較研究以及個案研究都比較缺乏。〔註1〕

　　本章對於清代回族經濟史的研究，是在前輩同仁現有工作的基礎之上，從人口史研究的視角入手，對目前學界關注較少的部分清代回族經濟問題，比如農業人口構成和種植業、畜牧業等，進行簡單的闡述。作爲非經濟史專業的研究探索，這一工作的最終目的，仍然是希望可以增加回族人口史敘事的維度，豐富回族人口史研究的內涵，從而更加立體而全面地展現清代西北回族人口的全貌。

〔註 1〕　黃廷輝：《略談回族經濟史研究的歷史與現狀》，《回族研究》1998 年第 2 期；
　　　　　田曉娟：《新中國成立以來的近現代回族經濟史研究》，《回族研究》2004 年第
　　　　　4 期。

第一節　人口史視角下清代西北回族經濟的基本框架

在他者及自我的印象和記敘之中，普遍認爲，回回民族是一個極善經營，重視商貿的民族。清代西北回族人口雖然總體上以農業爲主，但商貿業在回族經濟中佔有極其重要的地位，甚至可以與農業並列。本節首先對這一觀點產生的歷史原因與現實背景進行簡單分析，在此基礎上，從人口史研究的角度出發，對清代西北地區回民經濟情況進行梳理，以期可以準確把握清代西北地區回族經濟的基本框架和大概趨勢。

一、重商民族：他者與自我記敘中的幻象

只要隨手翻檢一下相關的歷史文獻或研究論著，就會發現，回族人天生善於經商貿易的說法，深入人心。這在傳統漢地社會重農賤商的主流文化中，表現相當扎眼。比如，在寧夏地區流行的回族民諺就有：「天下回回生的怪，個個都會做買賣」、「外面闖一闖，銀錢往裏淌」以及「回回兩把刀，一把賣羊肉，一把賣切糕」等。〔註2〕這幾句民諺，頭一句就講回民天生就具有經商的意識和本領。第二句突出經商獲得的錢財很多，容易致富，行文中表現出極強的民族自豪感。第三句則講回民最主要的經營內容是牛羊肉和食品餐飲。僅用寥寥數語，就勾勒出一般人印象中的回民形象，可謂形象至極。在四川北部一帶流傳的回族民諺則稱：「不當公差便吃糧，不賣燒饃便吆羊。」〔註3〕吃糧是指當兵，前半句講歷史上回民應差當兵者多，這一點在西北地區表現地尤爲突出，清人稱：「陝甘綠營弁兵，回民十居三四。」〔註4〕所言或有誇大之辭，但陝甘綠營兵中有相當一部分是回民應該沒有什麼疑問。後半句「不賣燒饃便吆羊」則與寧夏回回兩把刀所指內容相似。從這些民諺看，應差當兵、經商貿易似乎是清代回民的主要職業。

除了民諺，其他民間口述等史料中亦有相關內容。比如，陝西省禮泉縣吳村一帶的村民就稱，清代本地回民「做生意的較多，種莊稼的少，還有不少是作經紀的。」〔註5〕盩厔縣原縣政府科長仇秋平稱，清代同治以前該縣只

〔註2〕　郭永龍主編：《趣聞寧夏》，北京：旅遊教育出版社，2008年，第202頁。

〔註3〕　達鵬軒：《鹽亭回民經濟發展概況》，《綿陽市文史資料選刊》第6輯，1990年，第20～21頁。

〔註4〕　同治元年（1862）十二月十一日（戊子）太常寺少卿王拯奏，見〔清〕奕訢等編修《欽定平定陝甘新疆回匪方略》卷三〇。

〔註5〕　馬長壽主編：《同治年間陝西回民起義歷史調查記錄》，西安：陝西人民出版

有南關和城內南街有回回，但為數並不多，大部分以開商店和經營小商販為生，並不以農為業。〔註6〕民國人對於回民經商的描述更多。比如，單化普就稱，陝、甘兩省回民「除了一部分務農牧畜外，大多營商於他鄉。」〔註7〕除了陝西省，甘肅省作為中國回回先民最早的落居地和回族人口最主要的聚居區之一，是回族人口數量最多的省份。回民經商貿易的特點也十分突出。著名回族學者高占福就稱：「甘肅回族的經濟生活，歷史上主要從事農業生產，城鎮及交通便利的農村善於經商。」〔註8〕

表 9.1 各項數據係根據 1982 年全國第三次人口普查數據彙編而成，從對比數據來看，各民族中回族從事農業的人口比例最低，從事服務業和工業的比例最高。1982 年回族的內涵與清代不同，該年的數據也無法直接說明清代回族人口職業及行業狀況，但是，這一對比數據至少可以說明，相對於其他少數族群，回族人更善於經商貿易。在中國傳統重農抑商的農業社會中，至少清代以來，商業貿易在西北回民社會經濟生活中佔有極其重要的地位應該是毋庸置疑的一個基本事實。

表9.1　1982 年省數民族人口的職業分佈對比

單位：%

民　族	合計	專技	領導	職員	商業	服務業	農業	工業
蒙古族	100	9.14	2.65	2.41	1.72	2.11	71.97	9.8
壯族	100	3.13	0.81	0.74	0.73	0.65	99.41	3.5
回族	100	5.59	1.71	1.71	3.50	4.01	61.08	22.23
傣族	100	2.20	0.36	0.54	0.37	0.26	93.56	2.69
藏族	100	3.56	1.19	8.83	0.36	0.58	89.74	3.87
全國少數成族	100	4.00	1.13	1.00	1.15	1.27	83.94	7.44

數據來源：存理：《回族經濟特徵初探》，《寧夏社會科學》1986 年第 3 期。
　　　　　表頭部分文字有修改。

學界對回族重商現象的解釋有很多，其中楊文炯的觀點就很有代表性，他認為：「回族作為一個具有移民特徵且在中國以農為本的漢語文化環境中形

　　　　社，1993 年，第 299 頁。
〔註6〕馬長壽主編：《同治年間陝西回民起義歷史調查記錄》，西安：陝西人民出版社，1993 年，第 322 頁。
〔註7〕單化普：《說陝甘「回亂」初起時之地理關係》，《禹貢》1936 年第 11 期。
〔註8〕高占福：《絲綢之路上的甘肅回族》，《寧夏社會科學》1986 年第 2 期。

成的民族，他試圖把佔有土地作爲切入這個視土地爲生命和把擁有土地視爲最好財富的社會中是非常困難的……作爲一個外來的弱勢族群要在這樣一個社會立足自然要尋找它的薄弱環節以求生存。長期的重農抑商、崇農賤商的歷史國策傳統造成了中國社會結構上、制度上、人文心理上的經商或商業的巨大缺失，也成爲社會系統中的邊緣或薄弱的方面，加之回族文化具有的『重商意識』，這種契合歷史性地造成或形成了回族善於經商的文化傳統。」〔註9〕自古以來民間俗語就有「農不如工，工不如商」的說法，相對於農業和手工業，貿易經商更易致富。而追錢逐利是人的本性，太史公稱：「天下熙熙，皆爲利來。天下攘攘，皆爲利往。」〔註10〕歷史上私自武裝販鹽等冒死求財的案例舉不勝舉。因此，傳統儒家道德體系中廣爲宣揚的重農賤商的觀念，雖深入人心，但可能並非歷史運行的眞實狀態。把回民打扮成以弱勢群體形象出現的悲情角色，並把回民重商與漢民賤商對立起來，以此解釋回民經商傳統的由來，並不足以令人信服。

　　實際上，商業貿易在回族人的經濟生活中佔有重要地位，有其特殊的歷史淵源。中國的回族人口是唐宋以來西來男性胡商與漢地婦女通婚的後裔，這使得回民擁有久遠的經商傳統和經商意識；另一方面，伊斯蘭經典及穆聖本人對於商人與商業活動高度推崇與認可，〔註11〕也爲回民的經商活動提供了強大的精神支持和群體氛圍。除此之外，現實的因素可能對回民從事商貿活動有更大的影響力。作爲中國空間分佈最爲離散的族群，散居在漢地社會核心區域的回民，聚於城關市鎮和水陸要衝等處者較多。明清以來，隨著商品經濟的發展，這些重點區域的人口從事商貿活動者較多。而雜居其間的回民，因主要經營牛羊屠宰和清眞餐飲等產業，極具異域特色，與一般漢族商民顯著不同。而其中少數因經商貿易而成巨富回民，則更易引人注目。

　　清代回族人口總量五分之四集聚於西北陝、甘兩省和西南雲南一省之中，其他各省的回族人口雖然分佈廣泛，但數量卻極爲有限，僅有總數的五分之一。而漢地社會對於回民善於經商這一普遍認識，恰恰就只來源於這五分之一的散居漢地核心區域的回民。當這種基於對少數回族人口經濟活動的

〔註9〕　楊文炯：《互動　調適與重構：西北城市回族社區及其文化變遷研究》，北京：民族出版社，2007年，第501頁。

〔註10〕　〔西漢〕司馬遷：《史記》卷一二九《貨殖列傳》。

〔註11〕　楊榮斌：《民國時期上海回族商人群體研究》，北京：社會科學文獻出版社，2014年，第24頁。

主觀的認識，被精英人群接受並訴諸筆端後，就逐漸散佈、放大，演化成爲全體回民的普遍特徵。但在傳統農業社會之中，把回族群想像成商業的民族，或者過份強調商業在整個回民經濟活動中的比重，這種觀點正確性值得懷疑。比如，部分民族經濟理論學者把就歷史上的西北回族經濟想像成綠洲耕牧經營，〔註12〕或者歸納爲複合經濟，認爲「西北回族自史料上開始有記錄至今，被人廣泛識別的一個顯著特點是農牧兼營、農商並重……包含農——牧二元生計方式。」〔註13〕實際上，西北回族人口主要聚居區域不在綠洲之上，而是傳統的漢地農耕區域，在這些區域之中，種植農業佔有絕對的比重和地位。即使處於河西走廊及天山北麓綠洲之上的回族人口，其主要經濟活動也以種植業爲主，畜牧業、手工業以及商貿業只不過是點綴和補充而已。

二、清代西北回族農業人口與非農人口構成

　　人口是社會經濟活動的主體，農業人口與非農業人口構成是人口社會結構的重要組成部分，也是反映社會經濟發展現狀與發展水平的重要指標。從人口史研究的角度來看，清代西北回族農業人口與非農人口結構是清代回族經濟的基本框架。對於當代人口學者來講，因爲有現代人口普查數據的支撐，瞭解和掌握某一特定國家、地區或族群內部農業人口與非農業人口的絕對數量和相對比例，是一件極爲簡單的事情。但是，對於歷史人口學者來講，因爲缺乏相關數據和史料，對這一問題進行精確把握幾乎是不可能的。而基於目前有限的史料和數據，對清代西北回族農業人口與非農業人口構成進行估計，哪怕只是簡單概略的估計，也是相當困難的。儘管如此，農業人口與非農業人口構成是宏觀瞭解和把握經濟問題的最重要基礎。因此，研究清代西北回族經濟，必須要對此問題給予說明。

　　本節對這一問題進行探討，基於以下兩點基本認知：

　　其一，中國傳統社會是農業社會，人口中的絕大部分從事農業生產，眞正完全脫離土地，專門從事手工業或商業的人口數量很少，所佔比例極低。在這一點上，回民與漢人幾無差異。從清代西北地區回族人口空間分佈狀態

〔註12〕林耀華：《民族學通論》，北京：中央民族大學出版社，1997 年，第 95 頁。
〔註13〕孫振玉主編：《回族社會經濟文化研究》，蘭州：蘭州大學出版社，2004 年，第 76 頁。這一觀點在回族經濟史研究中頗爲流行，亦可詳見李德寬撰《西北回族「複合型經濟」與宏觀地緣構造的理論分析》，《回族研究》2003 年第 4 期。

上，可以管窺一斑。同治西北戰前區域回族人口主要集中在關中平原、寧夏平原、河湟谷地、河西走廊這些傳統的農耕區。從這些區域往外遷移的回族人口，不論清前中期的生存型和發展型遷移，還是同治以後的避難性遷移，其最終落居地，大部分都沒有超出傳統農耕區域。比如，遷往新疆地區的人口，大都集中在天山北麓的農耕區域內，而遷往口外蒙古地方的回民，也都集中在包頭、歸綏等這些已經農耕化的有限區域內。

其二，清代西北地區回、漢之間的差異主要體現在宗教信仰及由此引發的服飾習俗及飲食禁忌等方面。除此之外，其參與社會經濟活動的方式與其周圍的漢民幾無差異。這一點，從清人的描述可以看得比較清楚，如楊毓秀《平回志》就稱，回民「受土納賦，與科目，登仕版，朝廷一視同仁，與編民無異。」〔註14〕乾隆皇帝亦稱：「回人久隸編氓，即與百姓無異，何必爲之分晰？」〔註15〕回民自己也認爲「考試、營業，與漢人無異；其所異者，不過宗教之點耳。」〔註16〕因此，清代西北地區的回民與漢人之間，在社會經濟活動方面的差異不大，即使存在一些差異，也不足以對兩者之間的農業與非農業人口結構造成明顯的影響。

總之，歷史上回回民族與其所雜處之中的人口更多的漢人一樣，也是一個以農業爲主的民族，其人口中的絕大部分從事的都是農業生產，農業經濟是絕大多數回民賴以生存的根本。如果以上兩點基本認知沒有問題，那麼，清代西北地區回族農業與非農業人口的結構，就可以使用整個西北地區的農業與非農業人口結構來進行概略的描述。儘管如此，由於傳統史料中嚴重缺乏對農業人口與非農業人口的記載，僅僅是對清代西北地區的農業與非農業人口結構進行簡單的分析仍然是相當困難的。

學界對此問題研究較少，主要原因當然是缺乏數據，研究的難度較大。這其中，姜濤的工作最有特點，他從士、農、工、商四民的視角出發，提出以城鄉居民社會職業分野作爲考察的主要依據，對中國傳統社會中，尤其是清代的人口城鄉結構進行了相當深入研究。他認爲，這一研究可以避免因缺乏城市人口統計數據所帶來的苦惱，也可擺脫因城鄉劃分的標準不一而帶來

〔註14〕 〔清〕楊毓秀：《平回志》，見中國史學會編，白壽彝主編《回民起義》第 3 冊，上海：神州國光社，1952 年，第 59 頁。

〔註15〕 《清高宗實錄》卷一二三三，「乾隆五十年六月癸卯」條。

〔註16〕 馬光啓：《陝西回族概況》，見馬長壽主編《同治年間陝西回民起義歷史調查記錄》，西安：陝西人民出版社，1993 年，第 214 頁。

的尷尬。四民職業分野的研究表明，中國傳統人口的城鄉結構具有內在的穩定性，從清代中葉直到太平天國革命爆發前的城市人口比重，在總體上不會低於宋代的水平。一般而言，城市人口基本維持在總人口的 10%左右，而非農業人口維持在總人口的 16.7%左右。〔註17〕

　　儘管在人口行業和職業數據嚴重缺乏的情況下，從四民分野入手的，對傳統中國社會人口結構進行研究的做法，的確是不得已而爲之。但是四民職業分野與農業人口、非農業人口並不是等同的概念。實際上，傳統農業社會中，行業本身就沒有非常明確的界線，農業與手工業的最終產品在滿足自身和家庭需求的情況下，往往也是商品的一部分；反之亦然；另一方面，職業間的界線同樣也相當模糊，許多人都同時具有多重身份，在從事手工業和商業的同時，很可能又是農民或者地主。荷蘭經濟史學者皮爾·弗里斯在對工業革命以來的中英歷史進行比較研究後認爲：在中國一塊普通農田的面積與英國相比要小很多，在這種小規模土地耕作背景下，機器、工具甚至牲畜的價格都過於昂貴，人們更傾向於家庭內的協作，最終對人均勞動產值造成負面影響。這使得許多人在從事農業生產之外，有時間從事其他勞作，以掙取額外的收入來補貼家用。〔註18〕這一有關中國傳統小農家庭經濟的理論分析相當精闢。傳統中國社會中有關士、農、工、商四民的職業分野，只是基於想像的理想狀態下社會階層的劃分，眞實的情況顯然並非如此。所以，以這種理想中的四民職業分野來推算總體人口中實際的農業與非農業人口比例的做法，本身存在邏輯錯誤。

　　城鄉人口結構與農業、非農人口結構並非完全等同的概念，尤其是在傳統農業社會中，兩者之間的差別較大，根本無法互相替代。城市作爲最典型的地表人文景觀，因爲其無標度性的特徵，〔註19〕雖然是現實存在的地理實體，但卻無法進行客觀測量，只能主觀定義。因此，城市的空間邊界與規模邊界都不清晰。更有甚者，連什麼是城市這一基本問題，也都存在諸多爭議。對於歷史城市人口來講，既缺乏詳確的人口普查數據，也沒有嚴格界定的城市劃分標準。在這種情況下，城鄉人口規模與人口城鄉結構根本無從談起，

〔註17〕 姜濤：《傳統人口的城鄉結構——立足於清代的考察》，《中國社會經濟史研究》1998 年第 3 期。

〔註18〕 〔荷〕皮爾·弗里斯著，苗婧譯：《從北京回望曼徹斯特：英國、工業革命和中國》，杭州：浙江大學出版社，2009 年，第 46～48 頁。

〔註19〕 陳彥光：《城市化：相變與自組織臨界性》，《地理研究》2004 年第 3 期。

城市與城市人口也都是僞命題。從根本上講，「城市」這一現代地理學中具有嚴格界定和翔實普查數據支撐，並且具有顯著地域特徵的概念，無法用來描述歷史上那些界線不清的聚落。以中國傳統行政治所類城市爲例，決定某一聚落是否最終成爲行政治所的因素包括政治、經濟、軍事、人口、交通以及戰略地位等，經濟只是其中很小的一個因素。因此，居於城市中者不一定全是非農業人口，而居於鄉村者亦非盡爲農業人口。

圖 9.1　1912 年人口統計甘肅省府廳州縣人口調查職業分別統計表（局部）

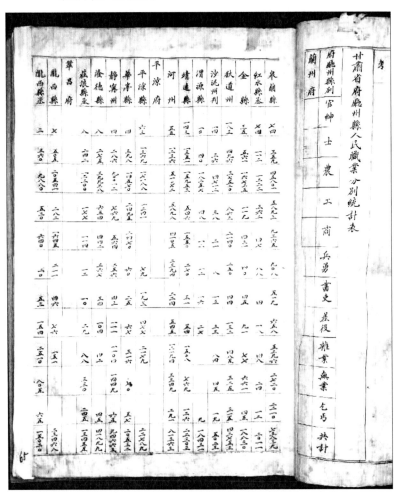

本圖由甘肅省圖書館西北地方文獻部張麗玲老師代爲拍攝，在此致謝！
資料來源：莫壽祺起革：《甘肅山川人口氣候各種表》，第 65 頁，甘肅省圖書館藏，索書號：671.6 / 0.178.1 / ：1。

　　傳統歷史文獻中有部分與職業分類統計相關的數據。比如，道光《津門保甲圖說》就把天津城內及四鄉人口分為紳衿、鹽商、鋪戶、負販、煙戶、應役、傭作、船戶、土住、乞丐、僧道、醫卜、寡居、窯戶、捕魚、稅局以及種園等 17 個類別。〔註20〕但是，這樣的數據極為有限。就西北地區而言，真正較為系統的職業分類統計數據要遲至民國年間。1912 年民國甫一成立，政府內務部就舉行了一次全國性的人口調查。此次人口調查，目類繁多，有人口學者稱其為「中國有史以來人口統計項目最為詳細的一次」。〔註21〕其中，僅人口職業統計這一項，就分為官紳、士、民、工、商、兵勇、書吏、差役、雜業、乞丐、無業等九個大類。但是，這些職業分類，既包括傳統的士、農、工、商四民分野，也包括官紳、兵勇、書吏、差役以及雜業、無業、乞丐等具體工作，其間多有重疊，分類並不科學，具有明顯的過渡性質。總體來看，此次調查項目雖然遠多於前代，但實際調查數據質量比較差，〔註22〕甘肅省的調查數據同樣如此。圖 9.1 是這次人口普查甘肅省原始文獻中人口職業狀況統計。

　　僅就甘肅人口職業數據而言，不但各行業調查指標的含義、標準、口徑未做交代，調查對象的範圍亦不相同。部分廳縣如靜寧、伏羌、岷州等調查對象為全部人口，渭源、會寧、武威等縣調查對象則為 12 周歲以上職業適齡人口。除此之外，也有部分廳縣僅在男性職業適齡人口之中進行了調查，或者只調查了一部分人口。圖 9.2 顯示的是該次人口調查全省分州縣匯總數據，甘肅各廳縣業農者人口占比地區差異較大，其中有 12 個廳縣超過 95%，最高的岷州業農者人口占比高達 99.57%。有 11 個廳縣低於 70%，其中最低的秦州業農者人口占比僅有 51.26%，全省平均占比為 82.31%。

　　化平川是同治西北戰後陝甘回民最主要安置區域之一，根據民國《化平縣志》記載：「化平業農者十之九，業商者十之一。十之一之商且多兼營農業，而業工者甚少，故衣物恒多取給於客商，一切資費皆糶穀以出之。故生計無論年之豐歉，均不免有乏食、乏財之患。惟農耕之暇，則砍天然林木運

〔註20〕　道光《津門保甲圖說》。

〔註21〕　葛劍雄主編、侯楊方著：《中國人口史》第六卷《1910～1953 年》，上海：復旦大學出版社，2000 年，第 56 頁。

〔註22〕　劉大鈞：《中國人口統計》，見國民政府主計處統計局編：《統計月報》1931年 11、12 月合刊。

圖 9.2　1912 年甘肅分縣農業人口占比統計

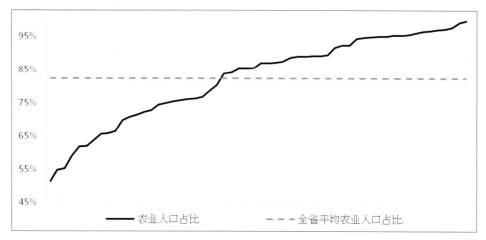

數據來源：方榮、張蕊蘭：《甘肅人口史》，蘭州：甘肅人民出版社，2007 年，第 626～628 頁。

往鄰縣出售。冬季或燃炭賣之，以養生。」〔註 23〕該書完成於民國二十八年（1939），由當地回紳張逢泰等編撰。十之八九是傳統文獻中的常用敘事方式，這類文本雖然因爲具有強烈的個人主觀感知色彩，不用作爲精確計算的依據，但從中也可以看出敘事的概貌。從縣志文本可以確知，1940 年代左右，化平這一最典型的西北回民聚居區，人口之中的絕大多數都從事農業生產。

　　1945 年《戶籍法》實施後，甘肅省開始按農業、工業、礦業、商業、交通運輸、公務、自由職業、人事服務以及其他等九項職業分類，對 12 歲以上法定職業適齡人口，進行年度職業人口調查。其中 1945、1947 兩年全省農業人口平均占比分別爲 80.73%、82.72%。〔註 24〕由於調查對象並非全部人口，農業人口占比顯然要遠低於實際水平。此後更爲系統可靠的職業分類統計數據，要遲至 20 世紀 50 年代初才有。圖 9.3 是根據陝西省統計局《三十年國民經濟統計提要》數據，繪製而成的折線圖。

　　從圖 9.3 來看，自 1950～1980 年的 30 年間，陝西省農業人口在總人口中所佔比例呈逐步下降的趨勢。其中 1959～1961 年三個異常值，應該和這三年特殊的歷史背景有關。扣除這一影響，從總體趨勢來看，陝西全省農業人口

〔註 23〕　民國《化平縣志》卷二《經政志・生態》。
〔註 24〕　方榮、張蕊蘭：《甘肅人口史》，蘭州：甘肅人民出版社，2007 年，第 624～437 頁。

圖 9.3　1950～1980 陝西農業人口比例

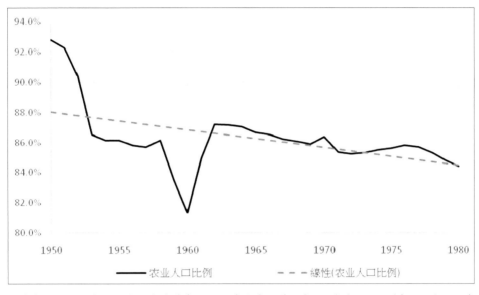

數據來源：陝西省地方志編纂委員會主編，曹占泉編著：《陝西省志·人口志》，西安：三秦
　　　　出版社，1986 年，第 156 頁。

占比在 20 世紀 50 年代的十年間下降速度最爲迅速。這和新中國成立以後，
大規模的工業建設有直接關係，陝西作爲三線建設重點區域，有大量東部省
份的產業工人遷入。從絕對數值上來看，陝西農業人口占比從 1950 年的 93%
下降到 1980 年的 85%，總共下降了 8 個百分點，農業人口仍然是全省人口的
絕對主力。扣除新中國成立後大規模工業建設的影響，往前回溯，估計民國
及晚清時期，陝西農業人口比重應該在 93%以上，全省人口之中完全脫離農
業生產的人口比例極低。甘肅經濟發展水平遠遜於陝西，其農業人口比重應該
高於陝西。據此估計，清代西北農業人口所佔比例應該在 95%左右。

　　專門針對穆斯林人口行業和職業狀態的翔實可靠數據，直到 1982 年第三
次全國人口普查時才有。表 9.2 數據根據該次人口普查數據匯總而成。

表 9.2　1982 年中國穆斯林的行業構成　　　　　　　　　　　　　　單位：%

民　　族	國家機關政黨群眾團體	其他行業	物質生產部門	非物質生產部門	第一產業	第二產業	第三產業
回　　族	1.96	0.11	93.12	6.88	61.77	22.27	15.96
東鄉族	0.54	0.15	98.41	1.59	97.36	0.63	2.01

撒拉族	1.58	0.10	96.15	3.85	92.29	2.14	5.57
保安族	1.60	0.26	97.08	2.92	93.74	2.09	4.17
穆斯林	1.85	0.08	93.80	6.20	73.77	13.83	12.40
全　國	1.54	0.06	94.35	5.65	73.66	16.00	10.34

資料來源：張天路、宋傳升、馬正亮著：《中國穆斯林人口》，銀川：寧夏人民出版社，1991年，第125頁。

　　從表9.2來看，20世紀80年代初全國農業人口比例約爲74%，全國穆斯林農業人口占比與全國水平基本持平。但從穆斯林內部看，則有較明顯差別，東鄉族、保安族與撒拉族這些被清人同稱爲「回」的族群，農業人口占比都在92%以上，其中東鄉族農業人口占比更是超過97%，幾乎全民務農。但回族農業人口占比尚不及 62%，這一比例不但遠低於其他穆斯林群體，也遠低於全國平均水平。

　　這表明在穆斯林內部，回族人口也就是清人視野中的最狹義的「漢回」，具有較強的脫離農業生產的意願和能力。但過於突兀的統計數據背後更眞實的原因，當然不僅僅是回族人較強的脫離農業生產的意願和能力，而是同治年間的西北戰爭。〔註25〕戰時西北區域人口銳減，並直接導致回族農業與非農業人口結構發生重大改變。以陝西爲例，戰前全省回族人口至少在一百四五十萬，〔註26〕主要居於鄉村，以農業爲生。戰後僅餘西安省城數萬人，地契盡被收爲官有，全部從事非農產業。〔註27〕1982 年全國已處於改革開放的起始階段，這一統計結果所反映的狀況已經與 1950 年代新中國成立之初的狀況有較大不同，更與民國乃至晚清的狀況較明顯差別。相對於散佈全國的「回族」，地居甘肅偏遠地方尚未受到太多現代經濟影響和衝擊的「東鄉族」、「撒拉族」及「保安族」等清人視野裏同樣被稱爲回的群體，〔註28〕他們的發展

〔註25〕　路偉東：《羊頭會、鄉紳、訟師與官吏：同治以前關中地區回漢衝突與協調機制》，《回族研究》2010 年第 3 期。
〔註26〕　路偉東：《清代陝甘回民峰值人口數分析》，《回族研究》2010 年第 1 期。
〔註27〕　戰爭時期，西安四鄉民眾大量湧入城內避難，這其中有不少是回民。比如，西安「北鄉和西鄉近城的回民逃入城內者約千餘家。光緒年間官府曾通知回民，言在鄉下之地產，現都爲客民所種，只要交出原契，便可按原契發給官價，當時回民交出地契者共四千餘張。」（〔清〕東阿居士：《秦難見聞記》，見馬霄石著《西北回族革命簡史》，上海：東方書社，1951 年，第 97 頁。）在戰後相當長一段時期內，城內的回民都不允許出城。人死後都只能埋在南城一帶，即團結巷小清眞寺附近。完全與田產脫離。
〔註28〕　路偉東：《掌教、鄉約與保甲冊——清代戶籍管理體系中的回民人口》，《回族

狀況更能體現傳統社會中西北地區回族人口的眞實發展水平。〔註29〕

　　與表 9.2 全國農業人口平均 74%的比例相比，圖 9.3 中所顯示的 1980 年陝西農業人口占比要高出 11 個百分點。這顯示地處西北的陝西省，經濟發展水平比較低。由此估計，同樣地處西北且經濟發生水平稍遜的甘肅省，其農業人口占比恐怕要更高一些。基於以上統計數據和分析，即使最保守估計，同治以前西北地區回族農業人口占比也應該遠在 90%以上，或者在 95%以上亦屬正常。

　　著名回族學者白壽彝在 1989 年的一次講話中稱：「關於回民經濟，曾有『回回兩把刀』之說，一把刀指賣牛羊肉，一把刀指賣切糕。這恐怕只是少數城市的情況。以我所見聞，中華人民共和國成立前西北各地和雲南、貴州等地方，農業生產還是主要的，大多數的回民是聚集在農村……我疑心中華人民共和國成立前的回民經濟，在以農業爲主的情況下，有手工業、運輸業、飲食業等爲補充經濟……回族作爲一個全國性的分散民族而能存在和發展，同他紮根在土地上有很大的關係。」〔註30〕這一判斷雖然完全出於個人感性的認知，但毫無疑問是比較符合歷史事實的。

　　同治以前，西北回族中有 95%左右的人口都從事農業生產，完全脫離土地從事手工業和商貿業的人口比例是很少的，絕對數量也比較有限。即使掌教、阿訇以及頭目等回族中的宗教精英人物，其生活的主要來源，大部分仍然是農業，如渭南孝義鎭南邊的閻興春，當年是董志原十八元帥之一，年少時在寺裏念經，「二十多歲就在渭南佽成家村開學了」，但其家裏世世代代以農爲業。〔註31〕清代西北回族手工業與商業貿易極富活力，也相當有特點，但所有這些只不過是傳統農耕經濟之外，極爲有限的補充。從歷史上回族農業人口的比例來看，部分學者主張的回族經濟活動中「農牧兼營、農商並重」的說法是站不住腳的。從現實的地理空間來看，整個西北地區回民聚居之處，大都是傳統漢地農耕區，所謂綠洲耕牧也完全是想像。農業是清代西北回族

　　　　研究》2010 年第 2 期。

〔註29〕 中國人民大學清史研究所蕭淩波博士對如何解釋1982年回族人口統計數據異常波動，提供了很好的建議，本文已做修改，在此致謝！

〔註30〕 白壽彝：《關於開展回族史工作的幾點意見》，見白壽彝著《白壽彝民族宗教論集》，北京：北京師範大學出版社，1992 年，第 240 頁。

〔註31〕 馬長壽主編：《同治年間陝西回民起義歷史調查記錄》，西安：陝西人民出版社，1993 年，第 432 頁。

經濟的主體，也是絕大多數回族人口賴以生存的根本，這是清代西北回族經濟史研究的基本框架。離開這一點奢談清代西北回族經濟問題，尤其是人為主觀的把回族推崇為重商民族，過份誇大手工業和商貿業在回族經濟中的地位，既不符合歷史事實，也對真正的回族經濟史研究沒有任何幫助。

第二節 清代西北回族人口空間分佈特點及對經濟的影響

除了農業與非農業人口結構之外，人口的空間分佈格局對經濟活動的影響也極為顯著。人們總是喜歡聚居在那些自然環境適宜，人文條件優越的地區，厭惡和遠離那些條件相反的區域。因此，人口的空間分佈從來就不是均衡的。以嘉慶二十五年（1820）政區和人口規模為例，西北地區總面積達 320 餘萬平方千米，〔註 32〕人口約 3,100 萬，〔註 33〕每平方千米平均人口尚不足 10 人。從總體上來看，屬典型的地廣人稀之區。但是，從更小的空間尺度來看，區域內部的差異卻極其顯著。比如，以府為單位的匯總信息就顯示，25 個府州級行政單元中，人口密度超過或接近 100 的有 4 個，其中人口密度最高的同州府接近 160，西安府與乾州兩處人口密度亦均在 120 左右；低於 50 的有 13 個，其中安西州僅有 0.5，肅州也不過 13。廳、縣一級的人口密度差異更為明顯。比如，關中平原的部分廳縣，人口密度均在 250 左右，高陵、大荔等縣，甚至接近 300，〔註 34〕與內地省區州縣幾無差異。圖 9.4 是 1820 年西北陝、甘兩省分府人口分佈的洛倫茲曲線。

從圖 9.4 可以看出，1820 年兩省區有一半的人口集聚在不到 20%的土地上。其中，有 40%的人口更是聚居在不到 10%的面積之中。

總體上來看，清代西北回族人口的空間分佈與區域人口總體分佈格局基本是同步的，具有明顯的不均衡性。現有研究表明，同治以前西北地區的回族人口主要聚居在兩條交叉的軸線上：其一，沿絲綢之路自東而西的帶狀區

〔註 32〕面積數據來源於中國歷史地理信息系統（CHGIS）V4 版 1820 年數據。

〔註 33〕葛劍雄主編、曹樹基著：《中國人口史》第五卷，上海：復旦大學出版社，2000年，第 700～701 頁。

〔註 34〕人口數據見〔清〕盧坤著《秦疆治略》及葛劍雄主編、曹樹基著《中國人口史》第五卷《清時期》，上海：復旦大學出版社，2000 年，第 570～577 頁；面積數據來源於中國歷史地理信息系統（CHGIS）V4 版 1911 年數據。

圖 9.4　1820 年西北陝、甘兩省分府人口分佈洛倫茲曲線

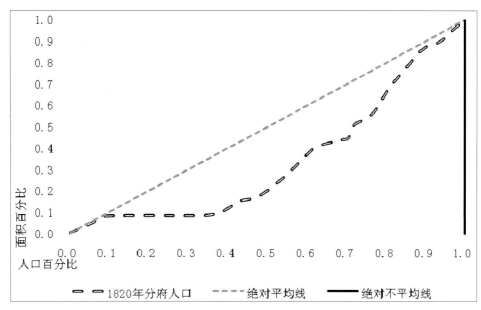

數據來源：面積數據來源於中國歷史地理信息系統（CHGIS）V4 版 1820 年數據；葛劍雄主
　　　　編、曹樹基著：《中國人口史》第五卷《清時期》，上海：復旦大學出版社，2000
　　　　年，第 700～701 頁。

域。這條分佈帶從關中平原最東部的渭水入河處開始，沿渭河往西，橫貫整
個關中平原。越過隴山之後，經蘭、鞏，穿河西走廊，直達天山北麓；其二，
沿黃河自西南而東北的曲條狀分佈區。這條分佈帶從河湟谷地最西緣開
始，向東北經西寧、循化以及河州等處，直抵蘭州。再往東北經靖遠、中衛
至寧靈，穿寧夏平原，直抵河套一帶，與內蒙古黃河沿岸的回民聚居點連成
一串。〔註 35〕

　　在微觀上，尤其是聚落層面的人口聚居狀態，回民與漢民存在較明顯差
異。這種差異對清代西北回族經濟活動的影響較爲顯著，同時也是以農業爲
主的回族經濟與同樣以農業爲主的漢族經濟產生重要區別的主要原因之一。
現就以下幾個方面進行闡述：

（一）人口高度集中的特點比較突出

同治以前西北回族人口在地理空間上集中體現爲「大分散，大集聚」的

〔註 35〕　路偉東：《高陵回族十三村聚落群與清代陝甘回民人口分佈格局》，《歷史地
　　　　理》第 28 輯，上海：上海人民出版社，2013 年，第 185～195 頁。

分佈格局。回族人口散佈在整個西北地區，各府、州、縣、廳幾乎無處無之，極爲廣泛。在這種大的格局之下，人口高度集中的特點更爲突出，呈現出連片帶狀分佈的狀態。以陝西爲例，同治以前，全省回族人口、聚落主要分佈於關中地區的渭河兩岸，從渭河上游鳳翔府的隴州、汧陽、鳳翔等縣開始，沿渭水經興平、咸陽、西安、臨潼、渭南、華州、華陰至抵潼關，自西而東，呈帶狀密集分佈。這其中尤以省城西安和同州府首廓大荔縣爲中心的渭河兩岸及涇河下游一帶，回族人口聚落分佈最爲密集。臨潼、渭南、華州以及華陰四個州縣之中，回族人口的比例高達 40%以上。甘肅河州等處，回族人口占比甚至接近或者超過 50%。在號稱「陝省四大縣」的蒲城、富平、臨潼、渭南東北連接同州府附廓大荔縣，五縣範圍之內，大半都是回村。其中不少都是規模在千戶以上的回民巨堡，如大荔縣的南王閣、喬店，渭南縣的禹家莊、倉渡、邸家莊以及華州的匕家灘等。陝西爲中國回回教門之根，同治以前陝西回族人口聚落的這種分佈特點，與陝西在中國回回民族形成發展過程中的這種歷史地位，密切相關。實際上，作爲回回先民前來中國的必經孔道和最初落居地，在整個西北地區，回族人口空間分佈都集中體現了這種高度分散又高度集中的特點。

（二）回民多居鄉村和城市關廂地帶

清代西北回族人口絕大部分聚居於鄉村之中，以同治戰前的關中爲例，回族人口多至一百數十萬，但城市之中回族人口最多的西安省城，其數也不過兩萬餘口。其餘絕大多數都居住在鄉村之中。僅從西安北門外馬家堡往北，一直到涇陽塔底下，不過五十餘里，就有大小清眞寺百餘所，人口達 50 萬之眾。〔註 36〕寧夏是甘肅回民北路中心，人口多至數十萬，但府城回族人口也僅有六七千人，〔註 37〕三原縣城內回民在關中地區屬於比較多的，有僅回民數百家，約兩三千人。其他各府州廳縣等城內亦多有回民居住，但大都爲數不多，或數十家，或十數家，少者甚或只有數家，如鳳翔縣回民共 28 坊，六萬三千餘口，城內只有兩坊，僅 48 家。鳳縣縣城內亦有回民三四十家，大荔縣城內回戶紳民僅有 10 數家，而醴泉縣城內回民更少，民間口述相傳僅有紀

〔註 36〕 馬長壽主編：《同治年間陝西回民起義歷史調查記錄》，西安：陝西人民出版社，1993 年，第 163 頁。

〔註 37〕 同治二年（1863）五月二十一日（丙寅）慶昀奏，見〔清〕奕訢等編修《欽定平定陝甘新疆回匪方略》卷四四。

姓回民一家。同治以前，城內有回民聚居的州縣肯定不止以上列舉之數，但城內回民人戶較少當是不爭的事實。

　　城內回民雖然較少，但居於聚居於城市邊緣地帶，即城關地帶和近城一帶的回族人口眾多，如省城西安的四鄉回村密佈，尤其是北門外尤為集中，人口規模遠多於城內。此外西寧東關、涇陽西關、三原西關、盩厔南關、大荔西關、華州西關、鳳翔東關以及南鄭東關等都有回民分佈。西北民間流傳諺語稱：「回回不住關即住山」，〔註38〕關即指城市關廂，亦指水陸要衝，如肅州、涼州回民，皆世居東關。河州、伏羌回民南、北關皆有，蘭府回民亦多居於西關和南關。陝甘總督熙麟在同治元年（1862）冬的一份奏摺中曾稱：「查甘省本屬邊地，向來回民散居各屬，多於漢民，城鄉村鎮所在皆是……各處城關均有回民，各營弁兵更多回教。」〔註39〕所指即此。這一點在整個西北地區都極為相似。但是，在部分市鎮中，回族人口佔有絕對的優勢。比如，蘭州府狄道州，城內回族人口多至五百餘戶，四千餘人，幾乎盡為回民。秦安縣的蓮花城、清水縣的張家川、靈州的同心城以及固原的硝河城等處，則盡皆回民，人口數以萬計。這種情況在陝西並不多見。

（三）回民多居平原水陸要衝

　　同治以前，西北回族人口及聚落主要分佈在平原近水及交通便利之區，遠離水源交通不便的內陸或山區則相對較少，如關中地區的回族人口及聚落主要集中在臨近渭河的南北兩岸及涇河入渭的下游地帶。其他非涇渭流域的地區，如漢中、興安兩府，回族人口及聚落也大都分佈在漢水及其支流上。這些地方有一個共同的特點，那就是臨近水源，不但自然條件較好，而且交通便利，遠離水源的聚落亦大都分佈於陸路交通的大路之上，如臨潼縣之八里坤，即地處渭北十三村通行渭南的大道上。又如行者橋以西的回回道，當年位於臨潼通高陵、涇陽的大路上。甘肅回族人口聚落則主要聚居於陸路要衝上，河西走廊上的甘、涼、肅一帶，皆為回民聚居之所。

　　西北回民多聚居於平原水路要衝的分佈格局與回回族群的形成歷史有直接關係。唐宋以來，陸續西來的回回先民的身份大都為西域胡商以及自願或

〔註38〕馬建春、郭清祥：《金城關回民居住區的歷史和現狀》，《蘭州文史資料選輯》第 9 輯，1988 年，第 162～170 頁。

〔註39〕同治元年（1862）十一月二十八日（丙子）熙麟奏，見〔清〕奕訢等編修《欽定平定陝甘新疆回匪方略》卷二九。

被迫東遷的工匠及兵士等，這些最初的居留地都是自然條件優越、人口繁盛的關中地區以及交通便利、商業發達的水陸要衝。

（四）平原回民多居田土較差之區

西北回民雖多聚於平原及水陸要衝，但如果從更小的空間尺度來看，他們實際上又大都居住在這些自然或人文條件較好之區中的「三邊、兩梢、一溝」等田土相對較差之區。「三邊」指的是灘邊、河邊以及湖邊；「兩梢」指的是渠梢、溝梢；「一溝」指的則是山溝。〔註40〕究其原因，即如馬長壽所講，回民遷來時，這裡的熟地、好地早已爲漢民種植經營，回民爲了生活，只能在村外依附，或在河灘、湖邊披荊斬棘，開出一片片土地，進行生產。回回先民自唐宋以來就留居西北，歷經千數百年仍然有這種歷史的遺存。這一說法是否可靠仍需探討，但由此可管窺傳統農業社會中，普通小民對於田地的高度重視，除非走投無路，一般不會輕易轉讓。同時，也可以想見回民農業生產的艱辛不易。居平原回民多居田地較差之區的情況，不僅在陝西關中地區如此，在河西走廊、河湟谷地、蘭鞏一帶，甚至寧夏平原以及隴東高原等地區，同樣如此。回民地少人多，對田事相當重視，不但吃苦耐勞，而且懂得精耕細作，以灰肥田。正因爲如此，很多不爲漢民所重視的邊角灘地，經回民墾種之後，大都變成了收穫頗豐的高產之區。這其中，最著名之處當屬同治戰前的大荔之沙苑，和同治戰後的隴東化平川。

（五）聚落尺度的回、漢雜居現象突出

西安四鄉有六十四回坊，調查結果顯示，已列入的坊村並非盡是回村，實際上，許多古老的村子，仍以漢民爲主，回民多住於村（堡）外小巷。〔註41〕即便是在回族人口最爲稠密的西、同兩府的交界地帶，很多回民巨堡中仍然有漢人雜居其間。比如，大荔縣王閣村由南北兩個近鄰的村子組成，北王閣盡爲漢人，南王閣盡爲回民，南北王閣村實際上代表的是回、漢兩個不同族群在同一個聚落中彼此獨立又相互聯繫的分佈格局。回民圍寺而居，是爲一

〔註40〕今之言西北回民分佈者，皆稱回民居於「三邊、兩梢、一山」，自然環境非常惡劣。現代回民的這種分佈格局是同治西北戰爭近百年以來人爲調整的結果，這與本書所指的同治以前陝西省回民人口聚落「三邊、兩梢、一山」的分佈格局有非常明顯的不同。

〔註41〕馬長壽主編：《同治年間陝西回民起義歷史調查記錄》，西安：陝西人民出版社，1993年，第476～477頁。

坊，但一坊並不一定就代表一個回族聚落。實際上，很多回族聚落因回族人口過少，根本沒有必要或沒有足夠的經濟實力去修建屬於本聚落的禮拜寺，在這種情況下，這些坊實際上都是由距離同一個禮拜寺較近的諸多小村落中的回族人口共同構成的禮拜單元。這種現象不只在西安四鄉，整個關中，乃至整個西北地區，同治以前回族聚落人口構成均是如此。清代同治以前西北回、漢人口在聚落尺度高度混雜聚居的狀態，在同治戰後發生了較明顯的變化，這對晚清西北回族經濟產生了重要影響。

（六）回民聚居之處是資源最為緊張的地區

同治以前，在西、同兩府的部分州縣中，回族人口數量眾多。其中個別州縣回族人口在總人口中的比例，相當高。而在一些局部的重點片區，如大荔縣的沙苑，渭南、臨潼交界地帶以及西安城北至涇陽之間，黃河上游的河州、寧靈、平慶、固原等處，回族人口甚至佔有相當的優勢地位。這些回族人口聚居的地區同樣也是區域人口最為集中的地區，資源相對較為緊張，而矛盾亦較為尖銳。比如，關中平原同治前因地畔糾紛引發的爭鬥，就時有發生。而因回民牛羊啃傷漢人苗禾引發的衝突，則更為頻繁。戰前渭河下游很多州縣中漢人看護莊稼的民間組織「羊頭會」，在這種衝突中起了相當惡劣的作用，普通的睚眥小憤，往往因之演變成為嚴重的械鬥，進而導致大規模的流血事件，如咸豐八年（1858）臨潼縣發生的一場械鬥就有回、漢數千人牽涉其中，最終演化成為十數人死亡的嚴重的流血事件。發展到最後，部分地方，回、漢互修長牆以防越界，而商品交易亦各有市集。這種人口在空間上的隔離最終影響到經濟層面的互動。

與陝西相比，甘肅地瘠民貧，資源相對好的地區更為零星散碎，集中程度較高。體現在回族人口空間分佈上，也就更加不均衡。人口過度集中往往導致宏觀上地廣人稀的西北地區，在局部區域出現人多地少，資源緊張的局面。同治西北戰爭結束以後，西北回族人口的這一分佈特點幾被完全改變。陝西回民除少量留居省城西安者之外，餘則盡族西行。甘肅回民聚居的四大區域之中，河西走廊之回，在同治戰後數十年內，都幾近絕跡。相反，地處隴東偏遠之區的化平等處，因為被官方選定為安置之區，集聚了大量回族人口。寧夏與河西之回，亦多被從水陸要衝及重點戰略區域中遷出。同治戰後西北回族分佈格局的變遷，對晚清西北地區回族經濟發展產生了重要影響。

第三節　清代西北回族農牧業

　　農業經濟是農業中生產、交換、分配和消費等所有經濟活動和經濟關係的總稱。現在經濟史學界，一般把農業和牧業分成兩個獨立的經濟產業，農業種植植物，牧業飼養動物。通常情況下，依據生產對象的不同，農業又可以細分爲種植業、林業、畜牧業、漁業。對於西北地區來講，直到清晚期，仍然處於傳統的農業社會之中，回族人口中的絕大部分都居住在鄉村從事農業生產，農業仍是回族經濟的最主要部門。西北地區自然環境特殊，林業與漁業的產業規模都比較有限。故，本節主要關注清代西北回民各聚居區農業生產條件的差異、土地短缺情況下的回民種植業與畜牧業等部分。

一、清代西北各回族人口聚居區農業生產條件的差異

　　農業生產是各種自然條件與人文條件綜合作用的結果，其中起主導作用的是氣候、水文、日照以及地貌等自然因素。西北地區氣候多爲大陸性乾旱、半乾旱類型，年均氣溫較低，降水量少，年際變化較大，是我國最乾旱的地區，生態環境比較敏感和脆弱。從地形地貌上看，西北地區地勢高亢，多爲高原和沙漠，地形地貌極其複雜，農業生產類型也複雜多樣，既有兩年三熟冬麥雜糧產區，也有一年一熟春麥雜糧產區和夏季綠洲農作區，更有部分蒙古和青藏畜牧區。具體到各自然風貌區的微觀地貌、氣候、水文以及人口構成等方面，又存在更多的個性化特點。現將其中關中平原、寧夏平原、隴東高原、河湟谷地以及河西走廊等清代回族人口數量最多，分佈最爲集中的自然風貌區分述如下：

（一）關中平原

　　關中平原又稱渭河平原，西起寶雞，東至潼關，南依秦嶺，北靠北山，總體上是一個三面環山向東敞開的河谷盆地。東西長約 360 餘千米，號「八百里秦川」。南北東寬而西窄，其中東部最寬處達 100 餘千米，西至寶雞逐漸閉合成一峽谷。地勢西高東低，海拔在 320 米～900 米之間，平均海拔約 520 米，面積約 3.8 萬平方千米。〔註42〕關中四塞之固，群山環抱，平原沃野，自然條件相當優越。自秦漢以來，曾經在相當長的一段時間內是中國政治、經

〔註42〕史念海：《史念海全集（第四卷）》，北京：人民出版社，2013 年，第 113～116 頁。

濟和文化中心。清代西安、同州、鳳翔三府以及邠、乾二州轄有整個平原，
為全省精華所在。同治以前，這一區域也是西北回民精華所在，整個陝西省
有近 4／5 的回族人口聚居於此，號中國回回教門之根。

　　關中平原屬暖溫帶半濕潤氣候，南界秦嶺這一重要的地理分界線，年降
水量在 520 毫米～620 毫米，年均氣溫在 10℃～13℃，最冷月平均氣溫在 –2
℃左右，最熱月平均氣溫在 24.5℃左右，≥10℃積溫在 3,900℃～4,700℃之
間。土壤凍結期比長城沿線一帶少 2 月～3 個月。關中平原堆積有深厚的上新
世紅土、第四紀三門系河湖沉積物。這些沉積物的厚度，西部薄而東部厚。
〔註43〕渭河自西往東橫貫盆地中部，兩岸為寬廣的階地平原，南北支流遍佈
整個平原。氣候溫和，降水較多，水土條件又俱佳，極宜農耕。〔註44〕清代
長安以東盛產棉花，長安以西的邠、乾兩州一帶，適於蠶桑。其他地方，米、
麥、豆類、高粱以及玉米等，均出產較多。〔註45〕關中平原是整個西北地區
最重要的農業區之一。

（二）寧夏平原

　　寧夏平原又稱銀川平原、西套平原，在今寧夏回族自治區中部黃河兩
岸，北起石咀山，南止黃土高原，東界鄂爾多斯高原，西接賀蘭山，南北長
約 280 餘千米，東西寬度在 10 千米～50 千米間，呈南北狹長的條帶狀，是斷
層陷落後經黃河沖積而成，海拔 1,100 米～1,200 米，面積約 1.7 萬平方千米。
寧夏平原以青銅峽為界分南北兩部分，北部為銀（川）吳（忠）平原，南部
為衛（中衛）寧（中寧）平原。〔註46〕寧夏平原自秦漢以來就已發展灌溉農
業，號稱「塞上江南」。清代盡為甘肅寧夏府所管轄，亦為全省最主要的回民
聚居區之一，尤其同治以前，新教巨魁馬化龍坐鎮其間，遂成甘肅北路回民
中心。

　　寧夏平原的土壤類型主要是灌淤土，是在長期引灌含有大量泥沙的黃河

〔註43〕陝西省農業勘察設計院主編：《陝西農業土壤》，西安：陝西科學技術出版社，
　　　　1982 年，第 2 頁。

〔註44〕陝西省農牧廳編：《陝西農業自然環境變遷史》，西安：陝西科學技術出版社，
　　　　1986 年，第 8 頁。

〔註45〕楊文洵等編：《中國地理新志》第 5 編，上海：中華書局，1936 年，第 189
　　　　頁。

〔註46〕曾培炎主編：《西部省情》，北京：中共中央黨校出版社，2001 年，第 46～47
　　　　頁。

水的基礎上，人爲耕種、施肥等作用相交迭而形成的。這種具有一定厚度的
熟化土層物理性質和化學性質良好，土壤肥力較高。黃河自南往北縱貫平原
中部，兩側秦渠、漢渠以及唐徠渠等不同時代的人工渠網密佈。清康、雍年
間，又在北部先後開鑿了大清、惠農、昌潤等渠，組成了較爲完整的灌溉
網，灌區面積較前代明顯擴大，至嘉慶年已達 210 萬畝。寧夏平原屬大陸性
半濕潤半乾旱氣候，年降水量在 120 毫米～160 毫米，年均氣溫在 8℃～9℃，
最冷 1 月平均氣溫在 -9.2℃左右，最熱 7 月平均氣溫在 23.5℃左右，≥10℃積
溫在 3,200℃～3,600℃之間。〔註 47〕寧夏平原冬季寒冷，造成較深的土壤凍
結，且凍結期漫長。寧夏平原農業屬於典型的灌溉農業，雖乾旱少雨，但灌
溉便利，氣溫年際溫差較大，水土條件又俱佳，適宜農業生產。小麥、水
稻、玉米、糜穀、大豆、胡麻等糧油作物均有種植。其中糧食生產水平在整
個西北地區尤高，在全國亦是著名的商品糧生產基地之一。乾隆《寧夏府志
稱》：「中衛、靈州、平羅地近邊，畜牧之利尤廣，其物產最著者，夏朔之
稻、靈之鹽、寧安之枸杞、香山之羊皮，中衛近又以酒稱。」〔註 48〕1980 年
統計數據顯示，種植業、畜牧業兩項在寧夏灌區農業總產值中的比重分別
是 84.1%、9.7%，兩者合計接近 94%，其他如林業、漁業及副業等總計不過
6%左右。種植業中，糧食作物的比重又占總種植面積的 84.7%，經濟作物占
11.6%，其他作物僅占 3.7%。〔註 49〕由此大概可以管窺清代該地區農業結構
的基本狀況。

（三）隴東高原

隴東高原也稱渭北隴東旱原，位於隴山以東，黃河以西，甘泉－華池－
環縣一線以南，關中平原灌區以北，總面積約 3.5 萬平方千米。行政區劃上屬
今甘肅慶陽市西南及平涼市東北 12 個縣，清代爲甘肅平涼、慶陽兩府及陝西
鄜州所轄。地勢東、北、西三面較高，向東南部緩慢降低，海拔在 1,000 米～
2,000 米之間。地貌分爲丘陵溝壑、高原溝壑和土石山地三大類型，川原相
間，溝壑縱橫。有大小原面共 26 個，其中最大的董志原面積超過 800 平方千

〔註 47〕全書編輯委員會：《中國農業全書·寧夏卷》，北京：中國農業出版社，1998
年，第 2 頁。

〔註 48〕乾隆《寧夏府志》卷四《物產》。

〔註 49〕鄺經邦等：《寧夏黃河農業芻議》，見胡宛禾、王正偉主編《寧夏黃河經濟論
文集》，銀川：寧夏人民出版社，1992 年，第 153、154 頁。

米。〔註 50〕隴東高原是西北回民重要的聚居之區之一。同治戰後，更是陝西回民最主要的安置區域。

隴東高原地表覆蓋黃土層較厚，在黃土母質上形成的耕作土壤有黑壚土，約占總面積的 30%，主要分佈在慶陽以南的大小原面上。其他地區以黃綿土為主，約占總面積的 60%。馬蓮河、蒲河、陽晉水、涇水以及盤口河等眾水發源，東南匯為涇水入於渭。人口集中的原區地下水埋藏較深，尤其北部地區水資源較缺乏，人畜飲水比較困難。隴東高原屬於暖溫帶半濕潤氣候，年均氣溫在 7℃～10℃，年平均降水量 400 毫米～700 毫米，年際變化較大，無霜期 140 天～190 天，耕作制為一年一熟。主要種植小麥、蕎麥、玉米、穀子、糜子、胡麻等。除此之外，北部丘陵溝壑地區和原區的梁、峁、溝坡等處，產草較多，適於放牧牛、羊。〔註 51〕隴東高原經濟歷來以農業為主，農業又以種植業為主。以位於高原核心地帶的慶陽為例，20 世紀 50 年代初，種植業產值在農業總產值中占比接近 90%，其中糧食作物種植面積又接近 90%，畜牧業產值所佔比重僅約 10%。〔註 52〕由此大概可以管窺清代該地區農業結構的基本狀況。

（四）河湟谷地

河湟谷地是黃河及其支流湟水河谷地帶的簡稱，位於今青海省東北祁連山地的東南，是青藏高原東北部與黃土高原接壤的農牧交錯過渡地帶。行政區劃上屬於今湟水流域的西寧市民和、樂都、平安、互助、西寧市、大通、湟中、湟源、海晏以及黃河流域的循化、化隆、尖札、貴德。清代為西寧、蘭州兩府轄區。地貌形態上突出表現為東西向山川相間的格局，其中湟水谷地海拔 1,700 米～2,000 米，黃河谷地海拔稍高，約 1,800 米～2,300 米。各河谷均寬窄相間，河谷盆地串珠狀相連，寬谷段低階地為堆積階地，地勢平坦，土層較厚，水熱條件優越，人口及城鎮主要集中於此，是西北農牧業發展較早的地區之一，也是清代甘肅回民最主要的聚居區之一，同治戰後教門尤為繁盛。

〔註 50〕龍凡：《乾旱缺水地區地下水勘察技術》，瀋陽：遼寧科學技術出版社，2014年，第 77 頁。

〔註 51〕朱俊風主編：《「三北」防護林地區自然資源與綜合農業區劃》，北京：中國林業出版社，1985 年，第 217～220 頁。

〔註 52〕李鐵成主編：《慶陽農村經濟》，蘭州：甘肅文化出版社，1997 年，第 69～78頁。

河湟谷地多爲麻土和灌淤土，有機質含量在 1%以上，土壤肥沃，水土條件較好，宜於耕作栽培。〔註 53〕河湟谷地屬大陸性高原半乾旱氣候，年降水量在 250 毫米～500 毫米之間，氣候相對比較濕暖，作物生長期超過 210 天，最長可達 240 天。一年一熟，爲青稞最適宜種植區，產量高，成熟早，是複種的優良前作。此外，也可種植春小麥，少數地方可種玉米、黃豆等喜溫作物，還可種植豌豆、蠶豆等。河湟谷地耕作粗放，旱地較多，農業生產水平較低。1949 年調查數據顯示，西寧市耕地總計約 88 萬畝中，水澆地僅 6.9 萬畝，占比不超過總耕地的 8%。該年種植小麥 20 萬畝，青稞 16 萬畝，豌豆 10 萬畝，蠶豆 1.7 萬畝，馬鈴薯 4 萬畝，另外還有油料作物 4 萬畝。〔註 54〕由此大概可以管窺清代該地區農業結構的基本狀況。

（五）河西走廊〔註 55〕

河西走廊在自然地理上一般指南山（祁連山、阿爾金山）與北山（龍首山、合黎山、馬鬃山）之間呈東南—西北走向的狹長地帶，長度約 1,000 千米，寬度則從十幾千米至百餘千米不等，總面積約 40 平方千米，其中甘肅境內大約 27 萬平方千米。行政區劃上屬於今甘肅省張掖、酒泉、武威、金昌、嘉峪關 5 市和內蒙古額濟納旗和阿拉善右旗 2 旗。清代爲甘、涼二府和肅州和安西州兩個州轄區。河西走廊地質構造上屬於祁連山山前凹陷帶，地貌類型基本分爲南部祁連山地、中部高平原和北部北山山地、阿拉善高平原三部分。其中走廊中部高平原海拔一般在 1,000 米～2,000 米，是最核心區的區域，集中了絕大部分的綠洲、農田、城鎮和人口等。同治以前，河西走廊是甘肅回民最重要的聚居區之一，人口較多。但大戰之後，該區域回民幾近絕跡。

河西走廊地處東南季風區、蒙新高原區與青藏高寒區三大自然區交會處，自然條件複雜，形成了以山地、荒漠以及綠洲灌溉耕作土壤爲主的各類土壤。其中分佈在走廊中部高原的綠洲土壤，是荒漠條件下因長期灌溉農業

〔註 53〕青海省科技廳編：《春小麥栽培技術》，西寧：青海人民出版社，2007 年，第 44 頁。

〔註 54〕李逢春：《西寧史話》，北京：中國文聯出版社，2006 年，第 199～200 頁。

〔註 55〕本節除特別注明之外，其他內容均主要參考李並成先生相關研究，詳見李並成著《河西走廊歷史時期沙漠化研究》，北京：科學出版社，2003 年，第 4～10 頁；李並成著《河西走廊歷史地理》第一卷，蘭州：甘肅人民出版社，1995 年，第 1～10 頁。

發展形成的土壤，土質肥沃，適於農耕。河西走廊地處亞洲內陸，屬於溫帶、暖溫帶大陸性氣候，日照充足，熱量較好，年均溫 6.6℃～9.5℃，無霜期 140 天～170 天。除滿足一季農作物之需熱量外，部分地區可以複種。年均降水量在 200 毫米～500 毫米以下，但年蒸發量卻高達 2,000 毫米～3,000 毫米以上，農業生產主要依靠高山雪水灌溉。祁連山流入區境大小河流 57 條，由東向西分屬石羊河、黑河和疏勒河 3 大水系。河西走廊地域遼闊，但宜耕土地僅占全區總面積的 5%，其中人工綠洲占全部宜耕土地的 80%以上。綠洲農業生產區域從東往西按地理位置大致可劃分為東、中、西三個部分。其中武威至嘉峪關的中段農業生產條件最好，種植業占絕對優勢，盛產小麥、玉米、胡麻、大豆、甜菜等，是甘肅著名的糧食產品。西段玉門、敦煌等處水源條件在清代尚較可以，種植以小麥、玉米及豆類等為主，東段古浪、景泰兩縣為乾旱農業區，農業生產條件最差。

從以上幾個清代西北回民分佈最為集中的區域來看，不同地域之間的自然條件差異極大，這種差異直接導致不同區域間回民農業生產及生活方式存在較明顯的區別。

二、清代西北回族人口聚居區的土地短缺與交易

在傳統農業社會中，土地既是最基本、最重要的生產資料，也是小民最主要的生活來源，佔有土地的多少直接影響到生活水平的高低。清代西北回族農業經濟的支柱是種植業，佔有絕對重要的主導地位。而種植業的最基本條件是適宜耕作的土地。就整個清代西北回族種植業發展狀況來講，自始至終一直都處於耕地相對比較短缺的狀態。不論同治戰前還是戰爭之後，不論陝西還是甘肅，不論回族人口聚居之處，還是散佈之處，均皆如此。而回民聚居的關中、寧夏、河湟以及河西等處，尤其如此。

以陝西省為例，同治西北戰爭之前，全省回族人口有一百數十萬口，約占全省人口總數的十分之一強。而同時期回民耕地在全省耕地中所佔比例，則遠低於此數。陝西回民西遷之後，所遺產業全部被歸為「叛產」，回人自稱：「莊田廬墓，俱為他教人所有，禮拜寺俱毀於火。」〔註 56〕其中田產一項，數量尤為龐大，如陝西巡撫劉蓉在同治二年（1863）十二月二十四日的

〔註 56〕馬光啓：《陝西回教概況》，見馬長壽主編《同治年間陝西回民起義歷史調查記錄》，西安：陝西人民出版社，1993 年，第 214 頁。

奏摺中稱：「據石泉縣知縣陸堃稟稱，回逆叛產約計不下數百萬畝。」〔註57〕
同治二年（1863）陝西省戰事尚未結束，石泉知縣如何知曉全省回民田產數
額？是來源於官方統計數據，還是民間普遍認知，不得而知。劉蓉引用此
說，從行文來看，其中文學修飾之義頗多，具體數字可能並不可信。在同月
十六日的奏摺中陝西按察使張集馨奏稱：「統計西、同兩府，暨邠、乾兩州，
屬叛產約在萬頃以上。」〔註58〕兩個數字比較，張集馨所奏顯然要更可靠一
些。馬長壽認為同治二年（1863）底，「鳳翔府的回民起義正方興未艾，而北
山以上的延安府屬及鄜州、綏德等州縣的回民亦正在進行戰爭，所以未計算
在內，若合併計之，全省回民的原有土地，當在兩萬頃以上。」〔註59〕戰前
關中回民有一百二三十萬，但鳳翔府僅六萬餘口，與西、同兩府相比，回族
人數比較有限。而戰前全省回民近 90%都集中於關中平原，以此比例推測，
戰前陝西全省回民田產大概在 1.5 萬頃左右。馬長壽的估計可能有所誇大，與
史實可能相距較遠。

　　嘉慶二十五年（1820）陝西全省田地總共有 30 萬餘頃，〔註60〕回民土地
1.5 萬頃僅有戰前全省田地總數的 5%。這與同時期回族人口在總人口中所佔
比例 10%相比，要低很多。因此，同治戰前陝西省回民人均佔有土地數量遠
低於漢民。尤其在關中渭河沿岸全省經濟最為富庶的區域，雙方在土地佔有
這方面的差距就更為明顯。比如，號稱「關中白菜芯」的高陵一帶土地就無
比金貴，小民能有幾畝水田就稱得上財東了。平涼縣耆老買德明就稱：「我們
姓買的祖籍是高陵人，趕井家的集。當地水田很多，種上三畝水田，就是
財東。」〔註61〕大荔南王閣村的回回財東祥麟家在四川有生意，是著名的「川

〔註57〕 同治二月十二月二十四日丙申劉蓉奏，見〔清〕奕訢等編修《欽定平定陝甘
　　　　新疆回匪方略》卷五八。
〔註58〕 同治二年（1863）十二月十六日戊子張集馨奏，見〔清〕奕訢等編修《欽定
　　　　平定陝甘新疆回匪方略》卷五七。
〔註59〕 馬長壽主編：《同治年間陝西回民起義歷史調查記錄》，西安：陝西人民出版
　　　　社，1993 年，第 2 頁。
〔註60〕 地畝數據《嘉慶重修大清一統志》所載各府、州、廳、縣田畝相加而得，詳
　　　　見梁方仲編著《中國歷代戶口田地田賦統計》乙表 77《嘉慶二十五年各直省
　　　　府州廳戶口、田地及額徵田賦數》。嘉道年間，陝西田畝數額有不同記載，如
　　　　據《戶部則例》所載，道光十一年（1831）陝西省田地約 25 萬餘頃。見故宮博
　　　　物院編《故宮珍本叢刊》，海口：海南出版社，2000 年，第 284 冊，第 66 頁。
〔註61〕 馬長壽主編：《同治年間陝西回民起義歷史調查記錄》，西安：陝西人民出版
　　　　社，1993 年，第 402 頁。

客家」，財資頗厚，但其所擁有田產也不過四五十畝而已。〔註62〕在部分非中心區域，較富有的回民可能也擁有相對較多的土地。邠州淳化縣地處涇河以北山地之中，地勢高亢，田地較差。同治戰前是陝西省重要回民聚居之處，均世代以農耕爲業，如城西北 60 里的納家、拜家兩村是回村。同治戰後，這兩村叛產量有 60 多石，每畝納糧僅二升半。按此比例計算，僅這兩個村子的田畝數量就有 2,400 餘畝。與關中納滿斗糧的田產相比，這些每畝僅納糧二升半糧的田地顯然要差很多。儘管如此，這裡「回民用的農具都很精緻。餵牲口的石槽很大，有重至一千斤左右者，留到現在還有。回回的車，車輪大，車上釘的鐵很堅固。他們所居的窯洞，較一般的大。牆壁很光滑，那是泥塑幾次才能成功的。」〔註63〕淳化回民在自然條件較差的情況下能生活如此富裕，應該與重視農業生產，吃苦耐勞、勤於耕作有重要關係。

　　傳統農業社會中，土地是最有價值的投資對象，很多富商巨賈往往也是地方上有名的大地主，擁有大量的土地。比如，清代關中的商人團體「川客家」，經商貿易所得錢財大都運回本籍，窖藏之外，主要用於投資田產。大荔縣青池村回族大地主溫紀泰就是其中最典型的代表，民間傳稱其家耕牛多到買盡商販全部籠頭都不夠用的地步。

　　回民因重視農事而發家致富，經濟條件相對於一般的漢人要好一些，有一定經濟能力去購買新的土地；另一方面，地少人多的現實情況又使得這種土地擴張的欲望變得更爲迫切。在傳統農業社會中，土地作爲社會財富的重要標尺其重要性遠不止於財富這一屬性，它更是小民安身立命最基本的生存資料，是小農的「命根子」，不到走投無路、萬不得已的情況下，一般家庭不會輕易出賣自己的土地。即使眞的遇有困難，大多也會選擇先行典當自己的土地，或者僅用來作爲借款的擔保。〔註64〕出售土地往往帶有出售者生活落魄的不光彩印跡，在熟人社會的傳統鄉村，購買者直接尋找出賣土地者，往往被視爲一種帶有侮辱性的行爲。〔註65〕

〔註62〕　馬長壽主編：《同治年間陝西回民起義歷史調查記錄》，西安：陝西人民出版社，1993 年，第 130 頁。

〔註63〕　馬長壽主編：《同治年間陝西回民起義歷史調查記錄》，西安：陝西人民出版社，1993 年，第 234 頁。

〔註64〕　〔美〕馬若孟著，史建雲譯：《中國農民經濟：河北和山東的農民發展，1890～1949》，南京：江蘇人民出版社，1999 年，第 51 頁。

〔註65〕　費孝通、張之毅：《雲南三村》，天津：天津人民出版社，1990 年，第 172～173 頁。

對於最終進入交易市場的土地，很多時候，最終買賣也並不是完全由市場力量來決定的。在傳統鄉土社會中，親屬、鄰里與社區居民間在實際農事中守望相助的相互依賴關係，是農家經濟的重要基礎。因此，土地交易的傳統慣習建立在血緣、地緣關係的基礎之上，與出售者相關的人員往往擁有優先購買權。〔註66〕交易順序一般先是親屬同宗，次及四鄰莊鄉，最後才是其他無關人員。康熙末年福建光澤縣的一份屋基買賣契約中就寫到：「一問房親，二問四鄰，並無承交。今託中人引送與連城湯惟賜出首承買。」〔註67〕山西洪洞縣劉承綸出售田產的案例更爲典型，因生活所迫劉氏出售三畝土地，但族規約定本族土地不得賣與外人，劉只好將地以低價賣給本族作祭田。由此可見，土地交易除了商業因素，民間實際的操作中一般還要遵循「倒戶不倒族，倒族不倒宗」、「業不出戶」、「同族無斷業」等慣習原則。

這種民間土地交易的實際運作規則，極大增加了回民購買漢人土地的困難程度。以大荔縣回民巨堡南王閣村爲例，該堡回族人口眾多，有一千數百戶。堡子北部的羌白鎮、東部的八女村以及西部的畢家村等均爲漢民所居，只有南部區域爲回民勢力範圍，但是又鄰近沙苑，良田較少，發展空間極爲有限。回民人眾地寡且富，所以盡力向周邊漢人買地。至同治戰前，南王閣西面金水溝一帶的漢民土地已逐漸被其購爲己有。對於那些距離較遠的田地，只要漢民肯賣，回民也不惜受跋涉之苦，重金買入。比如，姚期寨離南王閣村有20里路，回民購買此處田地後，要從南王閣運糞肥田，每日只能運一趟半，耕種不易由此可見一斑。〔註68〕漢人一方面想利用回民買地的急切心理，力圖高價把地售出；但另一方面，又擔心一旦田地出售給回民，便再也不能贖回來了，所以又不願把地售給回民。〔註69〕矛盾彷徨之中，衝突由此而生。同治戰前，回、漢之間的地畔相爭，是鄉村生活中最易引發衝突的一個方面。地方皮影戲《打羌白》第二齣，回回頭目馬盛上臺有四句道白：「家

〔註66〕 安保：《離鄉不離土：二十世紀前期華北不在地主與鄉村變遷》，太原：山西人民出版社，2013年，第86～89頁。

〔註67〕 福建師範大學歷史系編：《明清福建經濟契約文書選輯》，北京：人民出版社，1997年，第638頁。

〔註68〕 馬長壽主編：《同治年間陝西回民起義歷史調查記錄》，西安：陝西人民出版社，1993年，第128頁。

〔註69〕 馬長壽主編：《同治年間陝西回民起義歷史調查記錄》，西安：陝西人民出版社，1993年，第121頁。

住沙窩在馬家，地畔相爭動殺伐。」〔註 70〕所謂「地畔相爭動殺伐」一句，指的就是同治西北戰爭起於彼此間的地畔相爭。

同治西北戰爭結束後區域人口銳減，與此同時，又有大量田地拋荒，就連原本人狹地稠的關中地區都出現了地曠人稀的情況。爲重建戰後社會秩序，官府給予優惠政策和實際資助，極力推行招墾。如渭南一帶從河南移來的漢民，「一個戶頭可分到五十畝地，租賦是五升穀子，對官交過三年租，然後拿到執照，永爲世業。」〔註 71〕儘管如此，大戰甫息，仍有太多的土地被拋棄荒廢，無人墾種。對於回民來講，戰後人口損失極重，廬舍被焚，田產盡被收歸官有，戰後劫餘人口大多被人爲地壓縮在極其有限的安置空間裏。另一方面，安置之初，宗教特權人物又佔有較多好地，因此，相對戰前，大部分人戶田地更爲短缺。比如，在西寧就撫的禹得彥被安置在華亭十二堡後很快就成爲大地主，佔有 500 餘畝田地，在華亭城內還有不少田地、商鋪及房產。〔註 72〕在金積堡投誠的陳林阿訇被安置在化平川後也獨佔了不少好地，由此引發不滿，最後竟因此被一教徒所殺。〔註 73〕由此可見，安民之初土地多寡不均的情況相當嚴重。根據安民章程規定，普通回民每成年男子一人可分得十畝土地。實際安民過程中，很多地方因人多地狹，並沒有完全按此數劃給；另一方面，回民安置之區多爲荒絕地產，大戰之後撂荒日久已多成生地，重新開墾並不容易。加之牲畜不足，工具原始，且百戰之餘又多爲老弱婦孺，青壯較少，已分給的有限土地在相當長的時間內很多也都未能全部墾種。相關問題，可以參看本書第七章第一節。戰後西北大多數回民經濟狀況長期處於貧困之中，與當年安置區域土地缺乏，自然環境惡劣有相當關係。

三、草木灰、牲畜、糞肥與清代西北回族農牧業

回民人多地少，對農耕之事相當重視。他們不但吃苦耐勞，勤於農事，而且懂得精耕細作，投入成本較多，收成也因此遠較普通漢民所種田地要好。

〔註 70〕 馬長壽主編：《同治年間陝西回民起義歷史調查記錄》，西安：陝西人民出版社，1993 年，第 52 頁。

〔註 71〕 馬長壽主編：《同治年間陝西回民起義歷史調查記錄》，西安：陝西人民出版社，1993 年，第 57 頁。

〔註 72〕 樊瑩：《族群如何記憶——六盤山涇河上游「陝回」族群的民族學研究》，蘭州：蘭州大學博士學位論文，2014 年，第 131～132 頁。

〔註 73〕 馬長壽主編：《同治年間陝西回民起義歷史調查記錄》，西安：陝西人民出版社，1993 年，第 416～417 頁。

在土地資源短缺，且與所處周邊漢民農業經濟狀況相比還稍有劣勢的情況下，清代西北回族農業經濟走出了一條自己獨特的發展道路，具有極爲鮮明的民族特色。關中沃野千里，回、漢人口均聚集其間，土地尤爲珍貴。而同州府附廓大荔縣沙苑一帶，地處渭水北岸的關中腹地，戰前是關中地區回民聚居的最核心區域之一，也是土地資源最爲緊張的地區。苑內回民聚居，土地沙化比較嚴重，農業生產條件很差；苑外則漢村密佈，水土條件遠優於苑中，適宜麥穀等糧食種植。沙苑一帶回民的生產及生活狀況極具代表性，是反映清代西北回族農業經濟發展狀況的一個經典樣板。

爲了增加土地肥力，提高糧食產量，沙苑回民不惜以小麥換取漢人的糞灰進行肥田。民間口述史料中有多個版本的以換糞肥田的故事，如據原大荔羌白鄉完全小學教員宋之人講：「最初漢民只知以糞肥田，而不知以灰肥田，所以常把火炕的灰賣給回民，從他們那裡換得麥子。漢人以爲得計，以爲是欺哄了回民，所以當時漢人有兩句諺語傳達此意：『三籠塵土三籠灰，就給回回要年麥。』回回得到火灰以後，莊稼日肥，農業日益發展，所以任憑漢人嘲笑，自己對耕作的利弊卻心裏有數。因此，回民也有兩句諺語報答漢人：『不怕你三籠塵土三籠灰，但看我田地裏長的麥。』從此回族農民日益富裕，逐漸把南王閣西面金水溝一帶的土地購爲己有了。」〔註74〕該縣耆老任治民的說法略中有不同，他稱：「回回也常從漢人那裡買糞。漢人中之狡猾者常摻以塘土和炕灰，以欺回回，換得麥子。漢人得到麥子，便得意地說：『三籠塘土三籠灰，就給回回要年麥！』回回聽到以後，並不怨恨，反而得意地說：『哪怕你三籠塘土三籠灰，但看我地裏長的麥！』」〔註75〕

20世紀90年代初，王國傑在中亞東幹人中考察時，前蘇聯回族協會主席尤努斯曾對他說：「咱們趕緊要連手幹事呢。咱起來得早，可沒有拾下糞。」〔註76〕這句話的意思與民間俗語「起個大早，趕個晚集」類似，就是行動開始得早，但是沒有做出成績來。陝西回民敗退中亞後，地理上與故土完全隔絕，語言仍然停留在同治年間出走的那個時間切面上。從尤努斯的話語中可

〔註74〕馬長壽主編：《同治年間陝西回民起義歷史調查記錄》，西安：陝西人民出版社，1993年，第120～121頁。

〔註75〕馬長壽主編：《同治年間陝西回民起義歷史調查記錄》，西安：陝西人民出版社，1993年，第129頁。

〔註76〕王國傑：《東幹族形成發展史——中亞西北回族移民研究》，西安：陝西人民出版社，1997年，第348頁。

以管窺同治年間西北農村包括回民在內的莊稼人早起拾糞肥田的場景。早起拾糞對於自耕小農來講，是積累肥料，增加地力的重要方法之一。對於更爲貧困的小民來講，甚至是一種謀生的手段。據山西文史資料記載，民國年間，山西長治南頭街馬三虎一家共有八口人，父子四人皆以給回族皮毛業坊主做工爲生計，但「冬天還得靠拾糞，才能勉強吃點飯。」〔註77〕皮毛業作坊的雇工冬日靠拾糞來補貼生計，顯然拾來的糞是要出售的。但這一行爲一方面表明，拾糞在當時的鄉村可能已成爲部分人的職業；另一方面，類似做毛皮加工生意的回民坊主這類人，很可能就是這些糞肥的購買主，他們擁有不少的土地，是地主。筆者生於北方農村，離家求學之前又長期從事農業耕作，對這種拾糞的行爲印象較爲深刻。冬日裏莊稼人早起背糞簍出門拾糞者，大有人在。家嚴是典型的莊稼人，全家又指地爲生，因此，對耕種極爲重視。秋冬除了以糞肥田外，往往還會購買豆粕等作爲肥料養田。但豆粕在當時是相當重要的飼料，糧食缺乏之時，家慈甚至會以豆粕拌野菜爲全家食用。很顯然對當時農民來講，以豆粕肥田是相當奢侈的事情。這一做法與同治戰前關中回民以麥易灰肥田之舉實有相似之處。

　　清代西北回民多在農耕之外，飼養牛、羊作以爲家庭經濟補充。這固然與回民人多地少及西北地區乾旱半乾旱區多草的自然環境相關，也與回民宗教生活習俗和農業生產有一定關係。出於伊斯蘭宗教禁忌，回民不但禁食豬肉，也不從事養豬及其他一切與之有關的事務。在中國傳統農業社會中，普通小民養豬，往往年終出售，用於換取錢財。除此之外，圈糞每年都可挖出來用以肥田，豬糞的作用最大。〔註78〕這是小農家庭養豬的另外一個很重要的原因。「回民習俗不養豬，既減少了收入，又因缺少豬糞作農業肥料，農業生產很受影響。」〔註79〕因此，在農耕之外飼養牛、羊等牧畜，既可增加收入，也可積儲糞便肥田。渭南縣耆老李陽華就稱：「回民養羊的人很多，他們會用羊糞積肥，所以莊稼就務得很好。」〔註80〕李陽華是 19 世紀 70 年代初

〔註77〕　馬俊：《長治市回民和他們經營的皮毛業》，見政協山西省委員會文史資料研
　　　　　究委員會編《山西文史資料》第 7 輯，1984 年，第 94～103 頁。
〔註78〕　〔美〕科尼利爾斯·奧斯古德著，何國強譯：《高堠——舊中國的農民生活》，
　　　　　香港：香港國際炎黃文化出版社，2007 年，第 146 頁。
〔註79〕　王舟：《沙洲鄉回民村的今昔》，見《雨花文史》第 2 輯，1988 年，第 114 頁。
〔註80〕　馬長壽主編：《同治年間陝西回民起義歷史調查記錄》，西安：陝西人民出版
　　　　　社，1993 年，第 58 頁。

生人，此時西北戰事剛剛結束，關中回民已盡族西遷，他對於回民掌故的瞭解，應該是從那些親身經歷過戰爭，並與回民同村共井一同生活過的父輩口中聽說的，可信度比較高。同治戰前，關中及隴東一帶有一種名叫「羊頭會」的鄉村自治組織相當盛行，最初來源是漢民防止回民飼養的羊群踐食禾苗而成立的。本書第一章專門就此問題進行了較為系統的論述，不此不多贅述。總之，清代西北回民養羊之風，的確很盛。

養羊之外，相對於漢民，鄉居回民中養牛的也不少。牛以及馬、驢、騾等屬於大牲畜，在傳統鄉村社會中具有極其重要的作用。不但可以平時用來拉車運貨，農忙時還可以在耕地、耙地、播種、覆土以及運送糞肥以及收穫莊稼等繁重農事中提供必要的幫助。傳統鄉村社會中飼養這些大牲畜的農家比較少，究其原因，主要是飼養成本較高，農事有限，如果僅為耕作而飼養，經濟上並不划算。相比於牛、馬等大牲畜，羊的體積小，較好繁殖，飼養也比較方便，夏日野外青草遍地可食，秋冬則趕至野外啃食枯草，又或以積儲乾草或農作物秸稈為飼料，只需輔以較少糧食即可，飼養成本較低。大牲畜則不然，不但食量大，而且需要較多糧食作為輔料，飼養成本比較高。據黃宗智研究，在 20 世紀三十四年代的華北農村農家購入一頭驢的有效費用和有效收入的均衡點是 20 畝至 50 畝的經營性土地。〔註 81〕從數據看，這一飼養平衡點波動幅度比較大，研究結論的可靠性及代表性尚有待商榷，如滿鐵調查資料就顯示，在河北順義縣一個純自耕農家庭只需擁有 15 畝以上的土地，就有能力，也有必要飼養一頭驢了。〔註 82〕不管是哪一個數字，這些研究和調查至少說明，對傳統鄉村中的一般農家來講，飼養大牲畜所需費用是一筆相當沉重的負擔，僅為耕作而飼養並不太現實。這是傳統中國農業經濟中畜力缺乏的主要原因。20 世紀 30 年代初，河北清苑縣騾、馬、牛、驢的平均單價分別為 98 元、61 元、51 元和 38 元。〔註 83〕相對於驢來講，其他大牲畜的價值更高，所需費用更高，飼養也更不容易。尤其是馬和騾兩種牲畜，耕地又不如牛力氣大，肉又不好食用，唯一所長者是馱運，對一般農家來講

〔註 81〕 Philip C. C. Huang (1985). *The Peasant Economy and Social Change in North China*. Stanford: Stanford University Press. p.149.

〔註 82〕 〔日〕中國農村調查刊行會：《中國農村慣習の調查（第二卷）》，東京：岩波書店，1958 年，第 65 頁。

〔註 83〕 農業部農村經濟研究中心：《中國農村研究報告：1990～1998》，北京：中國財經出版社，1999 年，第 606 頁。

不論實用性還是經濟性都遠不如牛和驢，一般不會飼養。直到 20 世紀 60 年代，陝北農村中的不少農家在飼養家畜家禽方面仍然保留這種風尚，「六畜當中農民一般只吃羊肉，村村的生產隊都有一群羊。牛、驢和狗是農民最好的朋友，他們是不會吃的；雞不能吃，是打鳴和下蛋用的；豬很少有人養，養了也吃不起，是用來換錢的。種地要上糞，羊糞是最好的肥料，冬天的活計不就是搗羊糞嗎！」﹝註84﹞

回民俗好屠牛，又喜吃牛肉，因此，有眾多以此爲業者。養牛具有較強的經濟驅動力，可以獲取較高收益，自然會有人飼養。而漢地社會傳統視牛爲耕作必備，殺牛雖非禁忌，但一般情況不會這樣做。因此，在清代西北鄉村養牛戶中，回民可能佔有相當高的比例。農家養牛一般以自家繁殖爲主，小牛從出生開始，大概 1.5 歲～2 歲即可產犢，終生約可產犢 7 頭～10 頭，產仔率較高。成牛產仔之外，農忙時亦可輔助耕種。另外，回民又多有從事趕車運輸行業者，騾馬擁有量較高。這些因經濟利益而飼養的大牲畜，在農忙時亦可輔助耕種。

根據張定亞主編的《簡明中外民俗詞典》記載，舊時大荔沙苑一帶有「正月二十三，老牛老馬閑一天」的習俗，據傳起因是「莊戶人家珍視爲糧食生產立了功的牛馬，在這一天，不讓他們勞動，並且喂好草好料。」故而每年正月二十三這一天，被稱爲「牛馬休息日」。﹝註85﹞但這一習俗在地方志這類正式文本中並不見記載。清代關中平原東部同州府一帶正月二十三是補天節，小民「置煎餅屋上補天，是日仍不得食米。」﹝註86﹞不得食米是老君會專爲祀佛的內容，據說這一天若食米易得一種稱爲疳病的皮膚病。﹝註87﹞這一習俗和西北漢民中廣爲流行的燎乾節有關聯。寧夏回民俗語稱：「正月二十三，老蠻子燎騷乾，老回回看稀罕」﹝註88﹞老蠻子是回民對漢人的稱呼，這一天回民多出門看漢人的燎乾節慶活動。與祀佛活動合併舉行的補天節，顯然是漢民的節日。而只流傳行於沙苑的「牛馬休息日」習俗，則應該是回民

﹝註84﹞　于河海：《馱水坡》，北京：作家出版社，2014 年，第 143 頁。

﹝註85﹞　張定亞主編：《簡明中外民俗詞典》，西安：陝西人民出版社，1992 年，第 182 頁。

﹝註86﹞　正德《朝邑縣志》卷一《民俗第二》。

﹝註87﹞　張曉虹：《明清時期陝西歲時民俗的區域差異》，《中國歷史地理論叢》1997 年第 2 期。

﹝註88﹞　武占坤主編：《中華風土諺志》，北京：中國經濟出版社，1997 年，第 792 頁。

自己的節日。回民在漢民節慶日以牛馬爲對象進行節慶，首先說明沙苑中回民擁有飼養牛馬等大牲畜的傳統，這些大牲畜不但數量多，而且在農耕中起到了重要作用。設立牛馬休息日表達了回民對於牛馬終年辛苦勞作的感恩。除此之外，從這一節慶中還可以看到回民對於其周邊漢地社會主體文化習俗的接近和適應。同時，更可以看到回民在這種接近和適應過程中，對於安全距離的把握和拿捏。兩個族群之間的那種熟悉與陌生感，從這一個小方面就體現得淋漓盡致。相較一般漢民家庭而言，回民擁有較多的牛馬等大牲畜，在農業生產中的勞動效率自然要高一些，可以更好的進行精耕細作，收益自然也會更高一些。

四、以糧食種植爲主的回民特色經濟作物種植

中國傳統社會，農業是立國根本，不論回民還是漢人，農業耕作均以種植糧食作物爲主，這一點沒有什麼疑問。與漢民相比，回民重視農耕，又有肥力、畜力等客觀條件作保障，自然會有好的回報，渭河沿岸很多原本不被漢民所重視的邊角旮旯之地，經過回民墾種，很多變成了收穫頗豐的高產之區。地處北洛河與渭水之間的沙苑，自東部朝邑縣的趙渡鎮起，至西部渭南縣的孝義鎮訖，長約 40 餘千米，南北寬約 15 千米～20 千米，面積接近440 平方千米。〔註89〕同治以前沙苑是關中回民最主要的聚居地之一，民間傳稱苑內有 36 個回村，王閣就是其中最有名的回民巨堡。沙苑戰國時代就已經有較厚的沙層。〔註90〕《管子・地員篇》將其列爲關中田地下等，稱其地質粗，鬆散無結構，漏水跑肥發小苗，只適宜種黍、秫等物。這種以沙土爲主的土壤，並不適合糧食種植。爲了在沙地上開展農業生產，「從前這一帶的回民，有錢的鑿井，沒錢的掘池沼，然後引水灌田，所以這一帶雖無河流也可以進行農業生產。」〔註91〕大荔縣耆老王重九稱：「回民善於農事，會經營沙地，護沙的工作做得很好。白馬營的糧食產量很高，從前人稱爲『金糧』產地。從前縣裏的糧稅分爲金糧、銀糧、銅糧、鐵糧、錫糧五種，『金糧』最高，『錫糧』最低。把沙田經營成『金糧』的產區，是很不容易的。」

〔註89〕陝西省地方志編纂委員會編：《陝西省志・水土保持志》，西安：陝西人民出版社，2000 年，第 269 頁。

〔註90〕史念海：《史念海全集（第四卷）》，北京：人民出版社，2013 年，第 411～413頁。

〔註91〕馬長壽主編：《同治年間陝西回民起義歷史調查記錄》，西安：陝西人民出版社，1993 年，第 36 頁。

〔註 92〕渭南縣耆老馮彥盛稱：「回回逃亡後，所留田土，成爲『叛產』。種叛
產人的納糧較一般田畝爲多，如普通糧爲五升，頂多不過七升五合，但叛產
糧則爲滿斗。」〔註 93〕叛產納糧多，顯然是因爲回民的田產比較肥沃，糧食
產量較高。從民國年間甘肅張家川穆斯林婦女在地裏鋤草的景頭可以想見當
年關中沙苑等處回民勤於農事的情形。見圖 9.5。

圖 9.5　民國年間甘肅張家川穆斯林婦女在地裏鋤草

資料來源：王建平編著：《中國陝甘寧青伊斯蘭文化老照片：20 世紀 30 年代美國傳教士考察
紀實》，上海：上海辭書出版社，2010 年，第 95 頁。

及至 20 世紀 50 年代初馬長壽等人實地調查時發現，「沙苑的北面，種麥
很多。樹木有棗樹（最多）、杏樹、李樹、梨樹。到了沙裏，麥子就少得很了，
因爲風沙大，麥生出來就被掩蓋。有的農民把麥田用土垣圍著，沙土便隔離
在外圍。但沒有圍垣，莊稼生長就困難了。沙苑的池沼在過去很多，面積也
大，後來風沙時起，池沼遂被掩沒。現在能夠稱爲湖泊的，只麻子池一處，

〔註92〕馬長壽主編：《同治年間陝西回民起義歷史調查記錄》，西安：陝西人民出版
社，1993 年，第 102～103 頁。
〔註93〕馬長壽主編：《同治年間陝西回民起義歷史調查記錄》，西安：陝西人民出版
社，1993 年，第 40 頁。

長約二千公尺，寬五六百公尺，水深二公尺。湖泊形狀呈東西方向，這表明他們是古河道的遺跡。另外，還有一個太白池，面積不大，水深達半公尺。白馬營的湖泊水深還不到半公尺。有湖泊的地方雜草就較多，土質較肥，宜於種植和栽培樹木。農民的大村落主要就分佈在這些地方。」〔註94〕20世紀50年代沙苑面臨的這種糧食種植的艱難窘境，與晚清以來地方生態環境破壞有一定關係。同治戰後關中回民盡族西遷，包括大荔沙苑在內的回民田產遂逐漸被土、客各民佔據墾種，沙苑遭到過度開墾，湖泊池沼大量減少，地表植被破壞較重，沙層過於暴露，被風翻起遂成流沙。雖然從土壤結構來看，同治戰前回民聚居沙苑時與漢民移墾之後的七八十年間，前後沒有太大變化。但經歷戰後80餘年過度開墾，及至20世紀50年代初，沙苑地表形態以及社會環境已發生較大變化，種植糧食變得相當困難，這與同治戰前回民聚居沙苑時曾經廣泛種植糧食作物的農業生產方式有顯著不同。

　　清代商品經濟較前代發達，銀錢需求量很大。不論普通農戶還是地主富農，凡依仗土地為生計者，日常生活、婚喪嫁娶、生產用具以及輸貢納賦等一應開支，所需銀兩，大多來源於糧食出售。清人自稱：「輸貢賦則需錢，以供賓客修六禮則需錢，一切日用蔬荣、柴、鹽之屬，歲需錢十之五六。錢何來，惟糶粟耳。」〔註95〕一般小農家庭「欠歲則糊口不給，屢豐則穀賤如泥，公賦私交之費，俱無所出」〔註96〕是以終歲稍有所餘，便會立即變賣，以補所需；貧戶則往往「家無二日之儲，所食之粟，每日糶買」〔註97〕；只有少數富戶，家中餘糧較多，但囤積居奇最終目的，也是待價而沽，以求謀利。關中平原作為全國重要的商品糧食產區，糧食運銷交易比較頻繁，市場發育相當成熟。其中咸陽是重要的糧食集散地，本省糧食在此集中後運銷山西等處，數量相當龐大。僅乾隆八年（1743）七月至八月「運往出境者已不下二十萬石。」〔註98〕回民擁有的田土較差，糧產本不足用，而日用所需大多又不得不指田為生。在這種客觀條件制約下，回民在以糧食種植為主的農業生產大背景下，因地制宜，發展了極具特色的經濟作物種植。

〔註94〕馬長壽主編：《同治年間陝西回民起義歷史調查記錄》，西安：陝西人民出版社，1993年，第111頁。

〔註95〕乾隆《嵩縣志》卷一五《食貨》。

〔註96〕乾隆《棲霞縣志》卷一《疆輿志‧物產》。

〔註97〕《清聖祖實錄》卷一五九，「康熙三十二年六月庚子」條。

〔註98〕乾隆八年八月二十五日陝西巡撫塞楞額奏，載《歷史檔案》1990年第3期。

通過一些民間口述史料，大概可以管窺當年關中腹地尤其是同州府一帶回民農業生產的基本狀況，如據祖籍大荔王閣村的涇源縣（即清化平直隸廳）耆老于春福講：「秦家傍渭河而居，人們以務農和撐船為業。藍大莊的回民當船戶的亦多。王閣村和喬店的回民務農為多，兼種西瓜和棗樹。每年收成還好，很少蝗災旱災。」〔註99〕臨潼縣的回回道村地處臨潼縣通高陵、涇陽兩縣的大路上，分東、西二道和中間一個梁子。回回道的北面鄰近渭河，同治以前該村回民在渭河南岸有良田數百畝，全是水澆地。該村耆老王成喜稱：「我家原居上面的中間梁子，是村的一家老戶。梁子上和東、西二道都是回回所居。漢人少，回回多，彼此相處很好。回回的主要職業是農業，有的兼營運輸，或是喂牛放羊。東、西道溝裏的窯洞，大部分是他們鑿的，很大而且整齊。東道裏有牛房，梁子上有清真寺，老人們都曾指給我們看過。當年回農的種地手藝很高，渭河北岸的水澆地都是回民所種。每年引水灌田，莊稼長的很好。莊稼主要是麥子，穀子和豆類也有。莊稼之外絕大部分種小藍。小藍製成藍，售於外縣，是當年回農一項重要收入。」〔註100〕大荔羌白鎮青池村的一位樂姓科長稱：「沙苑產的糧食，有麥子、豇豆，但產量不豐，每畝只能獲三斗至四斗。遍地都產香胡子，是一種藥材，棗子以龍池庵和金家二村所產的最有名，每年產量大約有幾百石，黃花菜多產於楊村和陳村。瓜子產於沙苑的西部。回回以農牧生產為主，經商的少，周圍各村鎮有漢人經紀人，每年秋季到沙苑收購土產。所收土產，有的交給羌白、孝義一帶的富戶，有的交給西安來的客商，這些客商，名曰『大莊客』，常住在耒化鎮等村。」〔註101〕從上面這些口述史料來看，同治以前關中回民農業經濟雖以種地為主，但大都因地制宜，在糧食種植以外，或做工，或種植經濟作物，以謀求生計。尤其大荔沙苑一帶，每逢收穫農產品季節，本地、外地客商及經紀等人雲集大荔周邊，收購販運。這一現象說明，當地香胡子、棗、黃花菜以及瓜子等非糧食作物的產量相當高，而販運可以獲取較豐厚的利潤。

〔註99〕馬長壽主編：《同治年間陝西回民起義歷史調查記錄》，西安：陝西人民出版社，1993年，第455～456頁。

〔註100〕馬長壽主編：《同治年間陝西回民起義歷史調查記錄》，西安：陝西人民出版社，1993年，第145頁。

〔註101〕馬長壽主編：《同治年間陝西回民起義歷史調查記錄》，西安：陝西人民出版社，1993年，第100頁。

　　光緒初年陝西省遭遇「丁戊奇荒」，〔註102〕赤地千里，沙苑尤甚。時任大荔知縣周銘旂曾督修白馬渠，引水灌田，以抵抗旱災。事後有《疏鑿白馬池舊渠碑記》記載此事。該碑記載於縣志中，據稱：當年縣令周銘旂於修渠之外，復又命人掘井、區種，並栽桃、杏、棗、梨不下數十萬株。及至光緒十一年（1885），「沿渠雜樹近皆夾道成林，每夏秋之交，望之鬱鬱蔥蔥，與瓜架豆棚薈蔚交映，而盈畦稏稻，菱花芡實，錯出其間，尤始此所未有者。」〔註103〕地方刻碑記事主要目的是歌頌政績，宣揚德行。因此，碑文所記內容雖有真實的部分，但其中言過其實、阿諛奉承之詞亦屬不少，不可盡信。該碑文所記縣令周銘旂督修白馬渠一事屬實，苑中果樹林木夾道與瓜架豆棚薈蔚交映的情景可能也與當時真實場景相去不遠，但數十萬株果樹盡為修渠後載種，就有誇大不實之嫌，而把這種林木叢生的原因完全歸功於周銘旂督修白馬渠，則完全是立碑者的阿諛奉承之語。從上文的論述可以很清楚的看到，其實沙苑地區果木遍地的種植結構和農業景觀，在周銘旂權篆大荔之前就早已存在。

　　根據道光《大荔縣志》記載，沙苑所出特產最有名者是白蒺藜、三白瓜、榲桲和繭耳羊四種，其中「白蒺藜自唐時已入貢，其蔓引長如刺蒺藜而莖葉各異，紫花結莢，長寸許，莢內實大如芝麻，而色碧綠，此沙苑蒺藜子之殊於他處蒺藜子也。西瓜亦出沙苑，味甘美，甲於秦中。其尤美者皮白、瓤白、子白，呼為『三白瓜』，遠及數百里外，無不尊同州三白者。《寰宇記》云：『馮翊有苦泉，羊飲之肥而肉美。』苦泉今在朝邑境，而沙苑所出者有小耳大尾之羊，《通志》謂之『繭耳羊』，《府志》亦言繭耳羊。出同州或他處大耳羊畜於此所生之羊耳無不小，蓋其地脈所產者。然此亦理之不可解者。榲桲出沙苑，他處無之，《本草》謂潼關亦有者誤，形如柿而多毛，味酸不可食，氣馥耐聞，京師人用以薰鼻煙，四者皆大荔之獨絕者也……今縣西羌白鎮為皮貨所萃，每歲春夏之交，萬賈雲集，陝西巡撫歲以珠毛羔皮八百張貢諸京師，其實來自遠方者不止於羊皮也，十餘年來商賈不至，裘儈亦十亡二三，羌他鎮之懋遷衰矣。」〔註104〕這從段記載來看，道光年間大荔及同治一帶養

<hr/>

〔註102〕這這次旱災，因光緒丁丑（1877）、戊寅（1878）兩年災情最重，史稱「丁戊奇荒」，又因晉、豫兩省被災最烈，亦稱「晉豫奇荒」。參見何漢威著《光緒初年（1876～1879）華北的大旱災》，香港：香港中文大學出版社，1980年。
〔註103〕周銘旂：《疏鑿白馬池舊渠碑記》，光緒《大荔縣續志》附《足徵錄》卷二《文徵》。
〔註104〕道光《大荔縣志》卷六《土地志》。

羊之風頗盛。志書所稱「蠶耳羊」即「同羊」，也稱「同州羊」，以羊耳似蠶
而得名。初原爲牧放河西一帶綿羊，從 6 世紀中期開始，西魏皇室就在大荔
沙苑一帶設場進行飼養，後經長期選種、培育，至唐代已成極具特色的品種。
同羊肉質鮮美，被毛柔細，羔皮潔白，優質肉品和精美羔皮歷代均爲皇室收
納的傳統貢品。該羊對渭北半濕潤半乾旱區的生態環境具有很好的適應能
力，牧放遊走性能好，即使在冬、春季灌叢草場草生狀況不良、缺乏補飼的
情況下，也能正常妊娠和產羔，具有極高的經濟性。〔註 105〕明人稱：「（蠶耳
羊）皆出沙苑中，他即有勿良也。羊自唐入貢……今貢南京爲牲。」〔註 106〕
乾隆《同州府志》及乾隆、道光、光緒等《大荔縣志》均有記載。同治以前，
沙荔回民獨享其利，獲利遠甚於種植糧食。

　　除了牧畜之外，沙苑所產白蒺藜、榲桲、香胡子、棗、黃花菜、三白瓜
等非糧食作物，也亦相當多。不但遠近聞名，而且經濟效益很高，苑中回民
多賴以爲生。大荔號稱「中國棗鄉」，產地主要集中在沙苑。紅棗品種有 140
餘個，其中多棗不但個大、肉細、酥脆，而且成熟早於其他北方各類棗子約
一個月，2001 年被國家林業局命名爲「中國多棗」，足見其特殊性和重要性。
〔註 107〕其他沙苑所產諸如水棗、犁棗等亦極有名。水棗果實較大，果皮中厚，
果肉質地細膩略鬆，核小汁少，宜製果乾和蜜餞，適於長途販運。犁棗則是
棗樹中稀有的名貴鮮食品種，爲沙苑所特有。果實特大，皮薄肉厚，清香甜
脆，具有極高的經濟價值。〔註 108〕棗樹在北方氣候乾燥，高地下水位的沙性
土壤中生長良好，產量高而穩定。不但可以防風固沙，關鍵時刻亦可充饑，
故民間視棗爲「鐵杆莊稼、木本糧食」，先秦史籍中就有較多以棗爲食的記載。
沙苑一帶民間亦有積棗爲糧的習俗，道光中大荔糧荒，邑人潘承安「兩次出
粟數十石，又出棗數十石，俾鄉人不饑。」〔註 109〕其他如大荔遺生梨、香椿
梨等，亦均爲著名優良品種。〔註 110〕榲桲是一古老而珍奇的稀少果樹，爲落

〔註 105〕侯文通主編：《西北五省（區）重要地方畜禽品種資源調查與研究》，北京：
　　　　　中國環境出版社，2013 年，第 88～89 頁。
〔註 106〕天啓《同州志》卷五《食貨・方產》。
〔註 107〕楊海中、王新才等編著：《棗故鄉：紅棗歷史起源》，北京：中國林業出版社，
　　　　　2014 年，第 85 頁。
〔註 108〕孫雲蔚編：《果樹栽培學》，西安：陝西人民出版社，1962 年，第 522 頁。
〔註 109〕道光《大荔縣志》卷一三《耆舊傳下》。
〔註 110〕中國農業科學院果樹研究所主編：《中國果樹志》第三卷《梨》，上海：上海
　　　　　科學技術出版社，1963 年，第 255 頁。

葉小喬木或小灌木。《本草綱目》稱其：「性溫而氣酵，故名……今關陝有之，沙苑出者更佳。」〔註111〕

白蒺藜、香胡子均為一年或多年生草本植物，有較高的藥用價值。其中香胡子即香附子，又稱少莎草、胡子草等，是一種多年生莎草科雜草。《本草綱目》載：「後世皆用其根，名香附子，而不知莎草之名也……久服利人益氣，長鬚眉」。〔註112〕香附子位居世界十大惡性雜草之首，對農業生產尤其是糧食生產極為不利，但其性耐風沙、抗乾旱，不僅能防風固沙，更重要的是龐大的根系能庇護一種珍貴的藥材植物——肉蓯蓉寄生在自己的根部，經濟效益極為可觀。乾隆《華陰縣志》載：「黃渭灘地產生，蔓延病禾，土人雖掘售資利，亦不喜其滋長也。」〔註113〕沙苑地本不宜種糧，香附子這類野生藥用植物對當地回民來講，不僅無多害處，反而盡收其利。

除了種植果樹、藥材之外，關中一帶回民種植的另一種極為重要的非糧食作物是蔬菜，根據中亞營盤鄉莊一位老人的講述：「白彥虎隊伍中有個王老五，他家世代以種菜為生。他隨白彥虎轉戰十餘年，行程數萬里，所有財產都丟失了，親人也沒了，唯獨他腰裏的幾十種菜子沒有丟失，老漢視之為命根子。這些菜子不但救活了王老五，而且還挽救了一個民族。剛過境的東幹移民多種菜、賣菜，直到今天種蔥賣蒜仍是東幹人致富的一個重要方式。當年中亞土爾克斯坦總督波雅爾科夫斯基對東幹人種的蔬菜特別欣賞，他曾帶領營盤、哨葫蘆兩個鄉莊代表拿著東幹人種的韭菜、茄子、南瓜、香菜、黃瓜等十幾樣品種去朝見沙皇……東幹人種的洋蔥、香菜、苤藍、芹菜、南瓜、長豇豆、蠶豆、黃豆、綠豆、芝麻等品種遠銷俄羅斯及東歐一帶。」〔註114〕這些蔬菜大多是漢地社會常見菜種，並無什麼特別之處。但從這條史料可以看出，同治以前關中地區回民有種植蔬菜的傳統，從事這一行的人可能不少，是種糧以外的一項重要收入來源。這其中大荔沙苑種植的黃花菜就極其有名。黃花菜是百合科萱草屬中能形成可供食用花蕾的栽培品種，顏色金黃，

〔註111〕〔明〕李時珍著，黃志傑、胡永年編：《本草綱目類編中藥學》，瀋陽：遼寧科學技術出版社，2015年，第457頁。

〔註112〕〔明〕李時珍著，黃志傑、胡永年編：《本草綱目類編中藥學》，瀋陽：遼寧科學技術出版社，2015年，第123頁。

〔註113〕乾隆《華陰縣志》卷二《封域》。

〔註114〕王國傑：《東幹族形成發展史——中亞西北回族移民研究》，西安：陝西人民出版社，1997年，第355～356頁。

呈針狀，故又稱「金針菜」，是一種多年生的草本宿根植物，幹、鮮花菜都可做蔬菜食用，營養價值很高。康熙三十七年（1698），黃花菜由湖南引入大荔沙苑一帶種植，因由土適宜，很快成遍及整個關中地區。〔註 115〕沙苑產黃花菜，不但植株生長勢強，花梃高，花蕾多。而且耐旱、抗蟲，產量高。〔註 116〕驚蟄前後或秋分後栽植，芒種後現蕾，夏至前後始採，採期 30 天～40 天，畝產乾菜可達 300 多斤，具有較高的經濟價值。〔註 117〕

　　在田土較差、糧食產量有限的情況下，關中大荔沙苑等處回民卻能因農而致富。從中也能看出，回民通過種植果瓜、藥材和蔬菜等這些非糧食作物獲得的收入不但不遜於糧食種植，甚至反而更多。但是，相對於糧食作物，經濟作物一般投入較大，表 9.3 顯示了陝西省 20 世紀 80 年代初主要農產品的成本和收益。

表 9.3　陝西省 20 世紀 80 年代初主要農產品的成本和收益

項　　目	糧　食	油料作物	經濟作物	蘋　果
平均每畝用工（個）	15.60	20.30	43.60	17.20
平均每畝成本（元）	40.27	69.91	130.64	61.07
平均每畝收入（元）	64.01	118.28	181.34	115.06
平均每畝利潤（元）	21.32	45.65	45.42	53.99
畝成本利潤率（%）	52.94	65.30	34.77	88.41
每勞動日淨產值（元）	1.37	2.25	1.04	3.14

數據來源：《中國農業全書》總編輯委員會編：《中國農業全書・陝西卷》，北京：中國農業出版社，2000 年，第 285～286 頁；糧食作物為小麥、米王、水稻、大豆、穀子 5 種。油料作物為油菜、花生 2 種。經濟作物為棉花、烤煙、蠶繭、茶葉 4 種。

　　從表 9.3 看，糧食、油料作物、經濟作物以及蘋果四類農產品中，糧食作物的用工最少，投入成本最低，但收入和利潤也最低。相比之下，油料作物、經濟作物以及蘋果的畝均收入、利潤都高很多。這其中經濟作物畝均收入最

〔註 115〕渭南地區地方志編纂委員會編：《渭南地區志》，西安：三秦出版社，1996 年，第 421 頁。
〔註 116〕中國農業科學院蔬菜花卉研究所主編：《中國蔬菜栽培學》，北京：中國農業出版社，1987 年，第 877 頁。
〔註 117〕陝西省蔬菜研究所、陝西省農牧廳經濟作物處：《陝西省蔬菜品種資源名錄》，陝西省農科院園藝研究所 1981 年，第 94 頁。

多，蘋果的畝均利潤最高。以蘋果為例，畝均用工僅比糧食多 10%，成本多 52%，但收入卻增加了 80%，利潤率增加了 67%。高收入和高利潤意味著高投入和高風險。以經濟作物為例，畝均用工、成本和收入三方面，分別是糧食的 2.8 倍、3.2 倍和 2.8 倍，但純利潤僅 2.1 倍，與投入並不成正比，而每勞動日淨產值甚至僅有糧食生產的 3／4。在 20 世紀 80 年代初，陝西農業生產水平還較低，農藥、化肥以及良種等現代農業重要基礎條件還不完備，尤其是勞動力成本仍然較低。四類農產品投入產出數據表明，通過種植非糧食作物以在土地上獲取較多收益，是以投入更多勞動力和成本獲得的。同治戰前，回民對非糧食類作物的重視，實屬被動無奈選擇。因為在土地數量有限，又不易擴展的情況下的，只有通過往土地上投入更多的成本，提高單位產量和產值才能獲得更多的收益。但是，這種做法實際上邊際收益是在逐步降低的，最終可以獲得更多的收入與投入並不同步。

　　同治西北戰爭結束後，區域回族人口空間分佈格局發生了巨大的變化，原來回族人口聚居、農業經濟發達的關中平原、河西走廊等處，回民幾近絕跡，寧夏平原的回族人口數量銳減，農業生產受到較大衝擊。河湟谷地的回民雖未外遷，但農業生產也受到一定的影響。只有原來回民聚居的隴東高原一帶，因大量被安置回客遷入，此消彼長之間，成為西北新的最重要的回民聚居區之一。在這樣一個回族人口時空變遷的過程中，西北回民這種以農為主，兼及畜牧的經濟生活方式，仍然得以保留，基本沒有太多變化。比如同州一帶的回民大部分都是以農為業，「遷到化平以後仍然如此。」〔註118〕只不過，同治西北戰爭結束後，棉花、花生等高附加值農作物品種開始傳入並逐步廣為種植，〔註119〕尤罌粟的種植面積更是急速擴大，西北回族的農業種植結構也發生了一些新的變化。

五、晚清西北罌粟經濟中的回族群體性特徵

　　從 19 世紀初開始，隨著鴉片氾濫，各地開始廣泛種植罌粟，這給中國社會經濟及國民身心健康造成了極其嚴重的傷害。罌粟在西北廣為種植，不但造成了晚清西北農業經濟的畸形繁榮，也嚴重影響了區域農業經濟的正常發

〔註118〕馬長壽主編：《同治年間陝西回民起義歷史調查記錄》，西安：陝西人民出版社，1993 年，第 426 頁。

〔註119〕棉花及花生等農作物，均是同治以後由河南等處引入。光緒《大荔縣續志》卷四《土地志》。

展。晚清西北社會中，鴉片收益是普通小農收入增加的主要來源之一，同時也是近代西北回族軍閥集團崛起的重要資金來源之一。因此，晚清以來的西北鴉片經濟對整個近代西北社會經濟發展都產生了極其重要的影響。在這樣一個過程中，西北回民在罌粟種植與鴉片販運、吸食中的群體性的特徵極為鮮明。

「罌粟」一詞為罌粟科罌粟屬植物的通稱，是提取鴉片的主要原材料。唐以前就已傳入我國，但在很長一段時間內僅僅是上層社會少數人把玩的觀賞花卉。國人直到明代才開始知曉從中熬製和提煉鴉片的生產方法。而以提取鴉片為目的的商業罌粟種植，流入西北地區則要晚至入清以後。其中陝西省種植時間最早，甘肅次之，新疆最晚，而有一定規模的商業種植則更是要遲至咸豐年間。〔註120〕據陝甘總督左宗棠奏稱：「臣自入關度隴，目見原野多種罌粟，異花遍野，妖卉奪目，愚民栽培護惜，倍於禾稼，其廣種多收者，土販預先銀定買，獲利尤饒。婦子嘻嘻，擁燈吹吸等，諸日用之常，忘其正業，城邑市肆煙館鱗比，招牌之書廣土零切、南土零切者，壘壘相望。甘肅所產，俗稱西土，則行銷境外者居多。臣竊計軍行所經已十二省，若論鴉片流毒之盛，未有甚於陝甘者。」〔註121〕罌粟種植引起地方督撫大員的重視，從中可見，至晚在同治末年，西北地區的罌粟種植已經有相當規模。左宗棠權篆西北期間，曾經推行了極其嚴格的禁煙措施，並取得了一定的成效。〔註122〕但同治戰後西北財政幾盡破產，鴉片釐金成為解決地方官俸、軍餉及一切開支的極重要財源。所謂飲鴆止渴，明知不可為而不得不為。光緒七年（1881），李鴻章奏請土煙抽收釐金，每百斤抽稅40兩。〔註123〕此事經部議准後，陝甘總督譚鍾麟即刻執行，〔註124〕由是左氏禁令漸弛，西北罌粟種植一發而不可收拾。

同治十一年（1872），甘肅鴉片產量約5,000擔，〔註125〕按畝均50兩計

〔註120〕王娟麗：《晚清時期西北地區鴉片問題研究》，瀋陽：遼寧大學碩士學位論文，2013年，第5頁。

〔註121〕〔清〕左宗棠：《奏為據實覆陳陝甘查拔罌粟販外來煙土入境辦法實非操且事》，《軍機處錄副奏摺・光緒宣統朝》，光緒五年十一月初二日。

〔註122〕趙維璽：《湘軍集團與西北回民大起義之善後研究》，上海：上海古籍出版社，2014年，第346～363頁。

〔註123〕〔清〕劉錦藻：《清朝續文獻通考》卷五一。

〔註124〕慕壽祺：《甘寧青史略正編》卷二四。

〔註125〕朱慶葆等著：《鴉片與近代中國》，南京：江蘇教育出版社，1995年，第11頁。

算，〔註126〕該年全省種植面積大約在 16 萬畝。光緒二十六年（1900）後，清政府庚子賠款甘肅每年認解額數達 30 萬兩，當時全省地丁稅收入不過 20 餘萬兩，「司庫分認十七萬兩，以加徵罌粟地稅爲底款；釐金局分認十三萬兩，以增抽煙酒稅及土藥稅解庫歸款。」〔註127〕由此甘肅罌粟種植面積開始迅速擴大。據甘肅布政司造甘肅省各屬光緒二十七年（1901）水土川原、山坡種植罌粟地畝應徵稅銀數目清冊顯示，該年甘肅各府罌粟種植面積約 30.6 萬畝。〔註128〕及至光緒三十二年（1906），根據國際鴉片委員會報告書的估計，甘肅省的鴉片產量已經達到 3.4 萬擔左右，整個西北地區的陝、甘、新三省鴉片產量更是高達 8.45 萬擔，約占同期全國總產量的 14%，成爲僅次於四川省和西南雲、貴兩省之外的全國第三大鴉片產區。〔註129〕按每畝平均產 50兩、每斤 16 兩、每擔 100 斤計算，該年甘肅罌粟種植面積已高達 108.8 萬畝左右。短短五年時間，種植面積就擴大了 3.6 倍，〔註130〕這是清代甘肅及西北罌粟種植面積和鴉片生產數量的最高峰。光緒三十三年（1907）全國開始禁煙，各地種植面積銳減。如鴉片釐稅一項，光緒三十三年甘肅全省僅 17,310兩，〔註131〕按每百斤抽釐稅 40 兩計算，該項釐稅對應的罌粟種植面積約 1.4萬畝，僅及上年種植面積的百分之一強。即使充分考慮到私種、漏稅等原因，

〔註126〕 鴉片畝均 50 兩只是統計上學界共認一個的經驗值，實際上各地鴉片產兩相差極大，因爲絕大多數主流的研究論著都使用了這一數值，本書直接引用，不多贅述。

〔註127〕 政協甘肅文史資料委員會主編：《甘肅文史資料選輯》第 10 輯，蘭州：甘肅人民出版社，1980 年，第 6 頁。

〔註128〕 《甘肅布政司造甘肅省各屬光緒貳拾柒年水土川原山坡種植罌粟地畝應徵稅銀數目清冊》，檔案號：1-1-37，甘肅省檔案館藏。

〔註129〕 《國際鴉片委員會報告書（Report of the International Opium Commission）》卷二，第 57 頁。轉引自李文治主編：《中國近代農業史資料（1840～1911）》第 1 輯，北京：生活・讀書・新知三聯書店，1957 年，第 457 頁。

〔註130〕 各地因勞動力、水土及氣候等人文和自然條件差異，鴉片產量相差極大，其中全國畝均產最多的貴州荔波，可達 800 兩。而西北地區，如地處關中的戶縣（即清之鄠縣），一般畝產七八十兩（申從新：《廣積煙時期宋西村見聞》，《戶縣文史資料》第 10 輯，1995 年，第 156～158 頁），同處關中平原的乾縣一帶，水土條件稍差一些，畝產僅 30～60 兩（乾縣縣志編纂委員會編：《乾縣志》，西安：陝西人民出版社，2003 年，第 141 頁）。「擔」的含義不同時代不同地區亦有較大差異，每擔一百斤是晚清社會普遍接受的計算單位，可參見彭凱翔的研究（《從交易到市場：傳統中國民間經濟脈絡試探》，杭州：浙江大學出版社，2015 年，第 242～253 頁）。

〔註131〕 羅玉東：《中國釐金史》（下冊），北京：商務印書館，2010 年，第 617 頁。

種植面積銳減也是釐稅大幅度降低的主要原因。

　　晚清西北罌粟種植面積極速擴大的根本原因，是種植罌粟收益極高，不但遠甚於種植糧食，即其他所有經濟作物亦無法與其相比。自明中以來，市面上就已經有海外進貢而來的鴉片流通，因其數量極為有限，價格亦極其昂貴。明人徐伯齡稱：「成化癸卯，令中貴收買鴉片，其價與黃金等。」〔註132〕所言雖有浮誇之嫌，但鴉片價格極其昂貴則是不爭的事實。關中乾縣一帶鴉片畝產可達30兩～60兩，收入折400公兵～650公斤麥子。〔註133〕而同時期關中最上等土地，正常年景下最多每畝產麥子也就2石～3石，一般僅1.5石左右，合一百數十市斤。〔註134〕普通土地所產尚遠不及此數。比如，同州府白水縣，「縣地高寒，收穫比他邑遲十餘日。麥田一畝，上腴之地豐年可收一石，次者八九斗或五六斗，最下山麓磽确之地及山上壘石包土、層級梯磴之田，俱收不及三四斗。粟田收穫分數大致與麥田同，種莜麥、碗豆地多瘠薄，每一畝豐年只收七八斗，最下者收俱不及三四斗。」〔註135〕以此對照，同畝土地，種罌粟收益是種麥的十倍還多。在部分年份，甚至多至20倍。〔註136〕西北乃地瘠民貧之區，小民生計、地方官俸及軍餉等一切所需幾乎都源於土地。在這種狀況下，不論官方還是民間，對罌粟這種具有極高收益作物的追逐與渴求，近乎瘋狂。

　　罌粟種植對水土條件要求較高，以土質鬆緊適中的上等水田最為適宜，過於濕潤強黏緻密的土壤或過於乾燥疏鬆的土壤，均不適合種植。罌粟需要輪種，同一地塊連年栽種易罹病蟲害影響產量。同時，罌粟種植對肥力要求更高，尤其對鉀肥和氮肥需求較多。傳統農家肥雖然成分豐富、肥力持久，但這兩種原素含量不多，因此種植罌粟極其耗費地力。〔註137〕清人對此有極其深刻的認識，如左宗棠在同治十一年（1872）十月就曾奏稱：「栽種罌粟，

〔註132〕〔清〕俞正燮：《癸巳類稿》卷四〇《鴉片事略》。

〔註133〕乾縣縣志編纂委員會編：《乾縣志》，西安：陝西人民出版社，2003年，第141頁。

〔註134〕方行等主編：《中國經濟通史・清》（上冊），北京：經濟日報出版社，2007年，第244、280頁。

〔註135〕乾隆《白水縣志》卷三《食貨志》。

〔註136〕民國二十四年金昌（清涼州府永昌縣境）南沿溝、南北泉一帶，畝產鴉片70兩，價值錢幣40多元，相當於小麥3,000斤。張宗賢、謝翔云：《永昌禁煙記述》，《金昌文史》第2輯，1988年，第103～109頁。

〔註137〕李承祜譯著：《藥用植物的經濟栽培（第二集）》，上海：上海文通書局，1950年，第54～67頁。

非肥沃地畝不能滋長繁茂。而愚民無知，貪圖重利，遂將宜穀肥土栽種罌粟。廢嘉禾而植惡卉，不但流毒無窮，且亂後耕墾無多，民食、軍糧尤虞不繼。」〔註138〕晚清重臣張之洞亦曾奏稱：「種植鶯粟之功，倍於蔬卉，偶有山溪水潧，可資灌漑，悉以歸之。鶯粟此物，最耗地力，數年之後，更種他穀，亦且不蕃。」〔註139〕鶯粟即罌粟之訛稱。

　　光緒二十七年（1901）甘肅種植的 30.6 萬畝罌粟中，水田有 13.4 萬畝，川原地有 8.8 萬畝，山坡地有 8.4 萬畝。其中僅水田一項就佔了 44%，與川原地合計到 73%，山坡地僅占 27%。〔註140〕晚清西北鴉片種植面積雖然在全區田土中所佔比例極爲有限，〔註141〕但因爲佔用的都是水土較好的良田，對糧食生產影響較大，社會影響也極其惡劣。

　　晚清西北鴉片產量以陝西爲最，甘肅次之，新疆最少。按國際鴉片委員會報告書的估計數，光緒三十二年（1906）三省鴉片產量分別爲：50,000 擔、34,000 擔和 500 擔。三省之中，新疆產量僅及陝西的 1 / 100，幾乎可以忽略不計。陝西在同治以後，除西安省城內的兩萬餘回民外，其他各府州縣回民盡族西行，幾乎絕跡，故該省罌粟種植與回民沒太大關係。惟甘肅一省，鴉片產量較高，在當時全國各省之中排第 5 位，而人均產量更是排至第 2 位。而膏腴之地，如寧夏、河州、河湟谷地等處，又多爲回民所聚居。因此，晚清甘肅罌粟種植、鴉片經濟與回民有千絲萬縷的聯繫。

　　因伊斯蘭宗教信仰的關係，回民在飲食方面有諸多禁忌。除了極爲嚴格的肉食選擇之外，一般也不吸煙、飲酒。因此，相對於漢民，回民吸食鴉片者相對較少。民國時期的文獻中有大量相關記載。比如《大公報》旅行記者范長江 20 世紀 30 年代曾在西北進行考察，他對寧夏一帶回、漢吸食鴉片的情況就有過詳確的記錄：「新墩距中衛城五里……墩上居民四五十家，其房屋

〔註138〕〔清〕左宗棠：《札陝甘藩司通飭各屬禁種植罌粟》，見左宗棠著，劉泱泱、廖運蘭校點《左宗棠全集・札件》，長沙：嶽麓書社，1996 年，第 531 頁。

〔註139〕〔清〕張之洞：《請嚴禁種植鶯粟片》，見張之洞著《張文襄公奏稿》卷三，第 23 頁。

〔註140〕《甘肅布政司造甘肅省各屬光緒貳拾柒年水土川原山坡種植罌粟地畝應徵稅銀數目清冊》，檔案號：1-1-37，甘肅省檔案館藏。

〔註141〕以甘肅爲例，嘉道年間，全省田畝大概有 2,500 萬畝（梁方仲編著：《中國歷代戶口、田地、田賦統計》，上海：上海人民出版社，1980 年，第 404 頁），清代全省罌粟種植面積最多時約 110 萬畝，以此概而估計，所佔比例尚不到全省耕地總數的 5%。陝西省種植面積雖多於甘肅，但耕地面積也較甘肅爲多。因此，估計罌粟種植所佔比例不會比甘肅高太多。

整齊，身體強壯，屋內清潔者，全爲回民。漢人多爲鴉片所毒害，身體日壞，經濟日窘，生活所逼，故婦女之風氣，頗有難言之苦衷！……寧夏人口之中，除回教人以外，其不抽鴉片者，實比較占最少部分。婦女之有鴉片嗜好者，更隨地有之。常有嗜好而受孕之婦女，其胎兒在腹中即中煙毒，脫離母體之嬰兒，往往必須用煙氣噴面之後，始知啼哭！如此再放任下去，將來一般民眾過半皆成骷髏，則一切問題，將至無從說起！」〔註142〕這些描述大都是作者個人所見所聞，有較高的可信度。雖然范長江記錄的場景在時間上距離晚清已有數十年之久，但由此文字仍可以管窺當年西北社會之中回、漢在吸食鴉片方面的顯著差異。

回族人一般不飲酒、吸煙。其中飲酒一項對穆斯林來講，雖然沒有肉食選擇那樣嚴格，但同樣也屬宗教禁忌之一。伊斯蘭經典《古蘭經》在多處提及飲酒問題。比如，第 2 章第 219 節就極爲明確寫到：「他們問你飲酒和賭博，你說：『這兩件事都包含著大罪，對於世人都有許多利益，而罪過比利益還大』」。〔註143〕除了戒酒之外，大部分回民對於吸煙亦敬而遠之，往往避之尤恐不及。但是，相對於飲酒而言，回族人不吸煙只是一種傳統衛生習慣，與宗教禁忌無關。〔註144〕圖 9.6 是 1996 年漢族、回族和維吾爾族三個民族標化總吸煙率。

從該調查數據來看，漢族男性和女性的吸煙率遠高於回族和維吾爾族這兩個信奉伊斯蘭教的民族，其中女性人口對比極其顯著。儘管如此，就吸煙比例而言，這兩個民族男性中，吸煙人口比例也都在 30% 以上，還是不低的，而吸煙人口的絕對數量相當高。

歷史上，維吾爾族男性有吸食麻煙的傳統，左宗棠統兵入疆後曾稱：「纏回禁煙酒而嗜麻煙，其味凶烈令人嗅之頭昏，爲害殊甚。」〔註145〕麻煙即大麻煙，是一種以印度大麻爲原料製成的毒品，燃燒吸食後可產生欣快感，但對中樞神經系統有較大毒害，南疆地區很早之前就已有引種。〔註146〕從左宗

〔註142〕范長江：《中國的西北角》，上海：大公報出版部，1937 年，第 176、187～188 頁。

〔註143〕除此之外，《古蘭經》第 5 章第 90 節，第 16 章第 11 節以及該章第 67 節等處，亦均提到禁酒問題。

〔註144〕郭永龍主編：《趣聞寧夏》，北京：旅遊教育出版社，2008 年，第 210 頁。

〔註145〕吳紹璘：《新疆概觀》，南京：仁聲印書局，1933 年，第 280 頁。

〔註146〕劉自瑞、歐縉妥：《新疆大麻煙的毒理作用》，見新疆維吾爾自治區法學會編《新疆法學會一九八二年年會論文選集》，1982 年，第 208～214 頁。

圖 9.6　1996 年不同民族吸煙比例調查

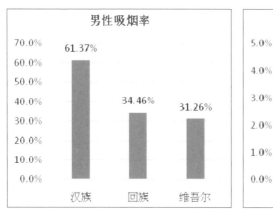

資料來源：中國預防醫學科學院等編：《1996 年全國吸煙行爲的流行病學調查》，北京：中國
　　　　科學技術出版社，1997 年，第 210 頁。

棠講述來看，麻煙吸食口感極差，長期以來局限於南疆部分地區，沒有廣爲
流行，大概和這個有一定關係。

　　總之，從以上論述可見，西北地區穆斯林對於吸煙乃至吸食毒品，並不
完全拒絕，范長江等人考察報告中的記載，雖亦屬實，但也僅能說明，相對
漢民，回族人吸食鴉片的比例的確要低很多，但並非完全沒有。光緒三十四
年（1908），吐魯番巡檢造呈《新城吸煙人數冊》，根據該項統計數據，新城
吸食鴉片的在冊人員共有 55 人，其中漢人 24 名，回人 23 名，其他民族 8 名，
每人日均吸食鴉片多則五錢，少則五分。〔註 147〕從這一記載來看，吐魯番新
城一帶回民吸煙者人數不少，幾乎與漢民相等。和一般士人帶有明顯個人主
觀情感色彩的描述相比較，官方造報的《新城吸煙人數冊》所載信息應該是
比較可靠的。晚清吐魯番有較多回民聚居，1949 年統計數據顯示，其人數近
6,500 人，其中大多是同治戰後由關隴西遷而留居者。〔註 148〕因此，雖然不能
確定吸煙人數冊中的回民是否包含纏頭回，但至少可以說明，晚清西北鴉片
吸食者中，有相當數量的回民夾雜其間。民國年間西方傳教士在西北拍攝的
照片中，就有吸煙的回民。見圖 9.7。

〔註 147〕　《吐魯番巡檢造呈新城吸煙男婦人數冊》，檔案號：Q15-8-2795，新疆維吾爾
　　　　　自治區檔案館藏。轉引自周衛平《清朝至民國新疆禁毒研究》，新疆大學碩士
　　　　　學位論文，2004 年，第 22 頁。
〔註 148〕　吐魯番市市志編纂委員會編：《吐魯番市志》，烏魯木齊：新疆人民出版社，
　　　　　2002 年，第 231 頁。

圖 9.7　民國時期甘肅某地抽煙的回民

資料來源：王建平編著：《中國陝甘寧青伊斯蘭文化老照片：20 世紀 30 年代美國傳教士考察
　　　　紀實》，上海：上海辭書出版社，2010 年，第 78、99 頁。

　　吐魯番是西北回民分佈的非核心區域，鴉片吸食者中，回族人口所佔比例比較高，絕對數量可能也不會很少。但是，在寧夏平原、河州等這些回民分佈的核心區域之內，由於宗教氛圍更加濃厚，來自群體的監督與約束力更強，鴉片吸食者中的回族人口所佔比例可能反而較低。關於這一點，從回民的罌粟種植情況可加以佐證。

　　相對於吸食鴉片，種植罌粟、割取鴉片可以獲取極高的經濟回報，而且與宗教禁忌和群體性好惡無關，因而更容易被一般回民所接受。左宗棠在光緒四年（1878）七月初的一份禁種罌粟的奏摺中稱：「惟寧夏一府，沃土之民狃於惡習，廣種罌粟，視為利源，地方各官一加查禁，則群以錢糧無從完納為詞，隱相抵制，馴致宜穀之區廣植妖卉，較金積堡未復之前，殆有甚焉。緣回俗忌煙，鴉片久懸戒律。方逆勢狼狽時，民心猶有所忌，故種罌粟者少。迨寧、靈克復，諸逆掃除，招徠耕墾漸多，而罌粟之潛滋暗長，翻數倍從前矣。」〔註149〕從左宗棠的這段奏言來看，同治西北戰爭前後，寧夏民間

〔註149〕左宗棠、劉典：《甘肅禁種罌粟請將查禁不力及實在出力各員分別懲勸摺》，

對於種植鴉片的態度存在較大差異。作爲甘肅北路回民中心，寧夏是西北最重要的回民聚居區之一。同治西北戰爭以前哲合忍耶第五輩穆勒師德（傳教人）馬化龍坐鎮金積堡，整個寧夏平原遂成爲哲合忍耶門宦的核心區域，宗教氛圍極其濃厚。作爲中國伊斯蘭教四大門宦中影響最大，宗教崇拜最爲狂熱的一個派別，哲合忍耶教法極嚴。區域之內不但回民視種植罌粟爲禁忌，即漢民亦多受其影響，種植者較少。至於吸食鴉片這種嚴重違反戒律的舉動，回民更是少有違抗者。

同治西北戰爭結束後，馬化龍就撫被殺，哲合忍耶受到官府嚴厲打壓，宗教戒律不復存在，寧夏罌粟種植面積迅速擴大。左宗棠稱：「克復久矣，而歲入且不逮其舊，田畝荒蕪，生聚未有所增。而罌粟之繁滋，幾遍地皆是，視馬化潾（龍）竊踞一方時禁令廢弛爲尤甚焉」。〔註150〕寧夏平原平廣闊，臨近黃河，自古灌漑農業發達，水土條件優越，是整個西北種植罌粟的絕佳區域。全府種植地方「以河東爲上，每畝產煙土七八十兩……中衛幅員較廣，更覺其多；寧靈廳、靈州次之；河西鹼地，每畝只可出煙土三四十兩，以夏、朔、平羅三縣相較，寧夏縣爲多，寧朔、平羅次之，惟花馬池土地不宜，尙無種植。」〔註151〕晚清該府種植鴉片者，以回民人數居多。

這一點可以在民國時的西北考察文獻中可找到相關佐證，如范長江《中國的西北角》一書就記載稱：「西北回民與漢人同樣種植鴉片，販運鴉片，然而回民之吸食鴉片者，百難得一二，而漢人之不吸鴉片者，絕難有一半之人口……寧夏河東之金積靈武爲回民最多的地方，尤以金積爲回民最密之區，他們處處表現不一樣的精神。金積境內的道路水渠，沒有不是井然有序的，農地中阡陌整齊，荒廢之地，決難發現。對於農事之耕耘除草，亦能工夫實到，故金積回民一畝地可出鴉片一百二十兩，而黃河西岸之漢人則僅能出七十兩，相差幾乎一半……金積附近之煙苗最多，回民之家庭全體在田中工作，他們的婦女喜歡穿大團花紅色衣褲，頭戴面罩，遠視之，頗似新疆纏頭女子，

見左宗棠著，劉泱泱、廖運蘭校點《左宗棠全集・奏稿七》，長沙：嶽麓書社，1996年，第128～129頁。

〔註150〕〔清〕左宗棠：《甘肅藩臬司等稟明寧夏並無偷種罌粟情弊由》，見左宗棠著，劉泱泱、廖運蘭校點《左宗棠全集・札件》，長沙：嶽麓書社，1996年，第447頁。

〔註151〕〔清〕左宗棠：《甘肅司道詳覆寧夏各屬偷種罌粟由》，見左宗棠著，劉泱泱、廖運蘭校點《左宗棠全集・札件》，長沙：嶽麓書社，1996年，第445頁。

仍保持土耳其人之遺風。」〔註152〕西北回民勤於稼穡，善於耕種，而全府膏
腴之地又多為其所聚居。回民把種植糧食的經驗和技術用在種植罌粟上，鴉
片畝產自然較多。但畝產鴉片 120 兩是所有文獻中最高者，頗令人懷疑。范
長江西北考察行程，匆匆而過，除親身經歷、親眼目睹和親耳所聞之外，也
有不少屬道聽途說之語，其中訛誤自然不可避免。同時期西北考察報告之中，
多存在這一問題。

　　除了寧夏平原，河州一帶也是晚清西北回民種植罌粟較多的區域。河州
為舊教核心區域，宗教氛圍雖然亦極其濃厚，但教法不似哲合忍耶嚴屬。同
時，在同治西北戰爭其間，因馬占鰲以勝利之師乞撫，受到左宗棠的賞識，
戰中破壞較少，戰後回民多就地安置，人口極眾。據本地士人所稱，河州種
植鴉片大概始於光緒二十五年（1899），鴉片徵稅分川水、川旱、山旱地三等
徵收。「川水地每畝白銀三錢，川旱地二錢，山旱地一錢二分，當年即徵五百
餘兩。從此逐年增加，到光緒三十二年（1906）種植地區日漸廣闊，凡是有
條件的地區，如掩歌集、羅家川、西河川、黃芡灘等地一片紅白罌粟花世界，
每逢割大煙時期，商販雲集，需要的日用品，應有盡有，俗稱趕大煙場，極
其熱鬧，揮霍浪費形成一時風尚。正當的農業，幾乎放棄，重視煙土，耽誤
糧食生產，極為嚴重。這時河州徵收的煙畝稅收款，年達兩千餘兩，徵額以
外的花費，更不止此數，吸煙戶在漢民地區及官場中，已很普遍，在應酬中
多擺設大煙燈，供吸鴉片。到光緒三十三年（1907），河州隨全國全面禁種，
煙畝稅款隨亦停征。」〔註153〕按光緒二十七年（1901）《甘肅布政司造甘肅省
各屬光緒貳拾柒年水土川原山坡種植罌粟地畝應徵稅銀數目清冊》三類地畝
占比分別為 44%、29%、27% 進行計算，當年徵銀 500 兩所對應的種植面積就
是 2,250 畝左右，到光緒三十二年（1906）種植最高峰時，徵銀增加到 3,000
兩，種植面積也達到 13,500 畝左右。范長江《中國的西北角》載稱：「河州的
鴉片實行公賣，每條街有幾家明掛招牌的營業處，旁邊往往配上『清水香煙，
貨真價實，小本生意，欠帳免言』這幾句坦白的附語，在鄉村裏，也是如此。
據記者調查，所謂『清水香煙』，多半是漢人作顧主。」〔註154〕吸食鴉片者多

〔註152〕 范長江：《中國的西北角》，上海：大公報出版部，1937 年，第 167、193～194
　　　　 頁。
〔註153〕 王德清、家玉琴：《中華人民共和國成立前鴉片煙在臨夏地區的流毒》，《甘肅
　　　　 文史資料選輯》第 13 輯，蘭州：甘肅人民出版社，1982 年，第 76～84 頁。
〔註154〕 范長江：《中國的西北角》，上海：大公報出版部，1937 年，第 55 頁。

半是漢人，從另一側面來看，剩餘一小半則可能多為回民，雖然在吸食者中所佔比例不高，但就絕對人口來講也有相當數量。很顯然，吸食鴉片不分男女老幼，也不分種類民族，一旦沾染成習，即深受其害。

晚清鴉片氾濫對國民身體與精神造成的傷害，相關研究已汗牛充棟，在此不多贅述。鴉片經濟雖然帶來了短暫繁榮和眼下經濟利益，但對整個西北社會造成的影響，和個人吸食鴉片後對身體機能造成的傷害一樣，虛幻的愉悅與短暫的欣快之後是無盡的傷害和徹底沉淪。罌粟占盡原本種植糧食的膏腴田畝，糧食生產受到較大衝擊，就連寧夏平原這樣夙稱腴地、產糧極廣的地區，在光緒初年「丁戊奇荒」時，也無糧供採。〔註155〕這次災荒造成大量西北人口損失，與廣種鴉片糧產不足有一定關係。晚清西北有識之士皆力倡禁煙，如甘肅布政使譚繼洵就曾發布告示，對種桑養蠶與種植鴉片兩者利害關係進行對比說明，稱：「種罌粟一畝，僅獲銀數兩而止，種桑則加數倍；且種罌粟，則廢膏腴，種桑則路旁堤畔隨處皆宜；種罌粟則防農功，養蠶則家人婦子皆能從事；種罌粟則勤勞三時，養蠶則只用農隙；種罌粟則歲只一收，種桑則利可久享；種罌粟則旱澇易傷，種桑則凶荒有備；種罌粟則田有賦稅，種桑則地無徵輸；種罌粟則毒流民生，種桑則暖被天下。功孰難而孰易，利孰少而孰多，爾等試詳思之。」〔註156〕閱讀其文，字裏行間可謂苦口婆心，言之鑿鑿。然而，在眼前巨大的經濟利益的驅使下和艱難的生存壓力之下，這種單純的道德說教，對普通小民來講毫無意義。即使左宗棠憑藉國家權力強行推進的嚴苛禁煙法令，也無法禁絕。

尤其入民國以後，中央政權崩潰，西北軍閥混戰，官私所需資費盡取之於鴉片，其勢如飲鴆止渴，不能自拔。各地農村廣種罌粟，鴉片在人們生活中佔有絕對重要的地位，幾乎成了生活必須品。不論窮家還是小富都有種植，少則一戶一畝，多則二三畝。所收鴉片，一部分自己吸食，一部分賣錢。關中鄠縣一帶，「每年陽春三四月交，罌粟長得三四尺高，煙花盛開，或紅，或紫迎風招展，一片片點綴在碧澄澄麥的海洋中，布穀鳥的叫聲，夾雜著陣陣秦腔，此起彼伏，此情此景，空前絕後……當時的社會，到處都充滿著煙土氣息，市場以煙土當貨幣，煙土被稱作『黑金子』，到處有煙房子，專

〔註155〕〔清〕左宗棠：《甘肅司道詳覆寧夏各屬偷種罌粟由》，見左宗棠著，劉泱泱、廖運蘭校點《左宗棠全集‧札件》，長沙：嶽麓書社，1996 年，第 455頁。

〔註156〕慕壽祺：《甘寧青史略‧正編》卷二二。

賣鴉片。」〔註157〕這一描述相當生動和鮮活,整個社會到處充滿的煙土氣息,猶如當下冬季經常出現的霧霾天氣,不分民族與人群的籠罩了所有的芸芸眾生,呼吸不到一點新鮮的空氣,讓人窒息。這一場景既是當時整個西北的一個縮影,也是整個近代中國的一個縮影。

第四節　清代西北回族非農產業

根據世界各國遍普採用的三次產業分類方法,本節所指的非農產業是除第一產業,也就是農業以外的其他所有產業類型的總合。清代回族非農產業大體可以分為手工業和商貿業兩大類,僅就西北回族群體來講,包括牛羊屠宰業、皮毛加工業、傳統手工業、牲畜販賣業、皮毛販運業、販鹽業、茶葉貿易業以及餐飲食品等服務業等在內的產業都極具區域和族群特色,且具有一定的規模。〔註158〕這其中,主要以強健體魄為資本的行腳販運行業,不但串聯起較多的非農產業,實際上也在整個回族非農產業中居主導地位。以此為切入點,基本可以鳥瞰清代西北回族非農經濟的概貌。

一、清代西北回族非農產業及戰爭影響

從總體上來講,清代西北回族非農經濟的規模比較弱小,實力相當有限,在整個區域非農經濟中所佔的比重較低,基本上處於比較邊緣的位置,這和其人口與文化在漢地社會主體人口與主流文化中所處的位置是基本一致的。以商貿業為例,清代西北地區真正執牛耳者是山陝商人集團。晚清甘肅「省會及各屬,凡商業稍有可觀者,山、陝人居多。」〔註159〕這一商人群體不但把持著區域內部絕大部分鹽、茶等國家專賣商品的販運和交易,而且還操縱著幾乎所有的布匹、雜貨、皮貨、藥材以及糧食等民生日用必需品的買賣,獲利豐厚,實力極強,成為全國性的可以與徽商比肩的聯省商幫。山陝

〔註157〕申從新:《廣積煙時期宋西村見聞》,《戶縣文史資料》第 10 輯,1995 年,第156 頁。

〔註158〕學界目前有關清代回族非農產業研究,在部分方面已經相當深入,成果也頗豐碩,如賴存理著《回族商業史》就系統論述了自唐宋以來,直至明清民國時期,全國回族商業情況。該書是第一本,也是最重要一本全面探討回族商業經濟史的專著,對研究回族經濟史具有極高的參考價值。20 世紀 80 年代初以來,相關論文更是層出不窮,其中比較重要的大都收錄在楊懷中主編的《回族經濟研究》(銀川:寧夏人民出版社,2012 年)一書中,可以參閱。

〔註159〕〔清〕彭應甲:《隴右紀實錄》卷八《辦理農工商礦總局》。

商幫尤以山西商人（晉商）實力最爲雄厚，幾乎壟斷了西北地區商業中所有最盈利的行業。乾隆年間，晉商在西寧創辦當地第一家大型商號「晉益老」，民諺遂稱：「先有晉益老，後有西寧城」，〔註160〕至今西北部分地區的老人仍稱山西人爲「鈔娃」，也就是與錢打交道的人。〔註161〕晉商群體幾乎全都是漢人，回民人數極少。而陝西商人的主體也是漢人，回族商人的比例不高。比如，清代陝西商人最重要組成部分「川客家」，其核心成員大都是關中渭河沿岸各縣的漢人。

晚清寧夏一帶「晉商居十之六，秦商居十之二，餘則爲天津、湖南、河南、四川以及本地者。」〔註162〕本地商人勢力之孱弱，由此可見一斑。清代西北回族商人大多爲一般商販，眞正的富商巨賈人數較少，即使有也大都處於較爲邊緣的位置。鍾銀梅對近代西北皮毛業的研究表明，「所謂『回族商人』實際上多是指以『腳夫』、『駄戶』、『筏戶』等身份具體從事著爲皮毛交易提供直接服務的長、短途運輸業務的回族人。當然也有一些從事皮毛生意的回族小商販，他們流動往返於內地和甘寧青之間進行著自運自販的小本買賣，這些資金薄弱的小行商在皮毛貿易中只能扮演無足輕重的輔助性角色。」〔註163〕毫無疑問，這一評價是極爲正確的。實際上，整個清代西北地區回族商人的地位率皆如此。

這一點從清代甘肅的茶業運銷中就看得很清楚。同治以前，甘肅省茶商「設東、西兩櫃。東櫃之商，均籍山、陝；西櫃則皆回民充商，而陝籍尤眾。」〔註164〕西櫃回族茶商籍隸陝西人數眾多，應該和關中地區在整個西北茶業加工、運銷中的商業地位有關。清代西北所銷的茶業大多來自湖南，也有少部分來自湖北、江西、安徽的紅茶及陝南所產本地茶葉。這些茶葉需要在關中二次發酵，擠壓成「茶磚」之後才能繼續西運。〔註165〕關中地區爲陝西省回

〔註160〕張志主：《「晉益老」商號和「樊家大店」》，《西寧城中文史資料》第14輯，2002年，第29～31頁。
〔註161〕鄧慧君：《清到民國時期晉商在甘寧青地區的經商活動》，《隴東學院學報》2011年第5期。
〔註162〕林競：《親歷西北》，烏魯木齊：新疆人民出版社，2013年，第79頁。
〔註163〕鍾銀梅：《近代甘寧青皮毛貿易中的回族商人》，《回族研究》2009年第4期。
〔註164〕〔清〕左宗棠：《甘肅茶務久廢請變通辦理摺》，見左宗棠著，劉泱泱、廖運蘭校點《左宗棠全集·奏稿六》，長沙：嶽麓書社，1996年，第7頁。
〔註165〕張萍：《區域歷史商業地理學的理論與實踐：明清陝西的個案考察》，西安：三秦出版社，2014年，第146頁。

民精華所在，人眾且富，雖不能與山陝商人爭東櫃之利，但也能退而求之次獨佔西櫃利源。陝茶及湖茶運抵省城蘭州後，起入兩大茶櫃所設茶庫，報經地方官查驗之後，分別運銷各處。東櫃茶商籍隸山、陝，很顯然就是山、陝商人群體，所轄甘肅東部區域，雖然面積較小，但人口眾多，經濟富庶，是甘肅核心地帶，商業利益也最重要。而西櫃商人則大多爲陝西回族商人，所轄的甘肅西部地區雖然面積廣大，但人口稀少，和東櫃相比，經濟利益要差很多。這一狀況，大概可以反映回族商業在整個西北商業中的地位，也可以反映整個回族經濟在西北經濟中的地位。

　　清代西北回民從事各項非農產業，大都是在農業生產之外作爲生活補充。因此，眞正完全脫離農業生產，專門從事其他非農產業的人口極少。新疆焉耆回族人口主要是清初以來自陝、甘兩省遷移而來的回民後裔，一首民間廣爲流傳的「花兒」唱道：

　　　　一對（哈）黃牛的莊稼人，
　　　　二百兩銀子的賬哩；
　　　　牛牛（哈）賣掉了還帳哩，
　　　　西口外大路上上哩。
　　　　尕馬兒騎上（者）槍背上，
　　　　西口外挖一回大黃；
　　　　先想了老子（者）後想娘，
　　　　三想了娘生的地方。〔註166〕

　　這首歌謠講述了內地一個以務農爲業的回民爲了償還債務，被迫賣掉自己耕地的兩隻黃牛，騎馬背槍冒險前往口外挖掘大黃，以謀生計的情景。雖然僅有短短的兩個小段數句話，但卻生動地描寫了回民離鄉出外謀生的無奈和對家鄉故土親人的思念。文獻中對於西北回族商人遠行荒遠之區經商、貿易、傭工的記載較多，如《河州採訪事蹟》稱河州「北鄉多木工，西鄉多瓦匠，沿關喜射獵。商則漢民貿易不出鄉關，回民負販遠及新疆、川陝。」〔註167〕回、漢兩族對比，差異相當明顯。清廷平定新疆之後，天山南麓的玉石開採業因獲利豐厚，爲官府壟斷。所產玉石除交官外，所餘招商變價，而回民多有冒

〔註166〕尚明、敬修：《焉耆回民花兒簡介》，《焉耆文史資料》第 3 輯，1992 年，第 61～82 頁。
〔註167〕宣統《河州採訪事蹟》卷二《輿地・風俗》。

死前往私採，或私下買賣運回內地牟利者。比如乾隆四十三年（1778）惠賢貴妃之侄高樸在葉爾羌「私採玉石、串通商人販至內地售賣一案」，就有回民馬德亮等人涉入。〔註168〕

清代西北回民從事的上述這些非農產業，要麼地處荒瘠，要麼風險極大，均非一般商人所能及。學者亦多引用這些文獻來說明清代西北回商身體強健，意志堅韌的優秀品質。甘肅回民自稱：「大多在窮山乾溝，四野不毛，耕地不夠分配，生活至苦。所以在生活逼迫之下，促成回教人經商出外，冒險習性……所以無回不商，無商不苦，終年勞碌，人席不暖。」〔註169〕從這樣的敘事方式來看，文字背後所想表達的是，在重農賤商的傳統農耕社會之中，回民與漢人一樣，也自視為是以耕作為本的漢地社會的一份子，外出經商包含有某種被逼無奈的意味在裏面。

逐財求利是人的本性，自古俗語就有「農不如工，工不如商」之說。大多數情況下，從事手工業生產和商業貿易的收益遠高於農業。要想發家致富，謀求更多財富，當然不能只守著土地，尤其還是那些貧瘠且有限的土地。因此，回民這種無奈背後所暗含的隱喻，更多的不是遠離家鄉和耕墾，外出做工、經商或貿易本身，而是只能被動遊走在邊緣地帶的困境。在集中體現國家意志的食鹽和茶葉等專賣商品中，回民只能以西北荒貧之區為利源，這與漢地主流商人的活動區域有明顯區別。而在各類民間自發的商貿活動之中，回商也根本無力與靠近權力中心的諸如山陝商幫之類的漢人商業團體相抗衡。這種邊緣化、從屬化的非農經濟模式，是清代西北回族社會經濟活動的本質。

清代西北回民聚居之處，資源環境有較大差異，因而回民離鄉外出謀生的方向、方法以及從事的行業也各不相同。比如，關中、寧夏等處，平原廣闊，土沃民豐，回民多從事耕墾牧放，農閒之外又或以本地手工業為生活補充；聚居一、二階梯交界地帶的回民，則憑藉漢藏社會邊緣區域商品往來頻繁的地利，多有販運謀利者，如鞏昌府洮州廳一帶，「俗重農善賈，漢、回雜處，番夷往來，五方人民貿易者絡繹不絕。其土著以回民為多，無人不商，亦無家不農。」〔註170〕洮州回民這種務農經商的習俗顯然和當地特殊的地理

〔註168〕《清高宗實錄》卷一〇六八，「乾隆四十三年十月甲子」條。

〔註169〕竹蘿：《回教在甘肅》，《新甘肅》1947年第2卷第1期。

〔註170〕光緒《洮州廳志》卷二《輿地・舊洮堡風俗附》。

位置及商品交流現實需求有密切關係；河湟谷地西寧大通等處，山高地寒，歲止一收。其地「商賈多山、陝人，重利蕉剝。百工稍精巧者，亦他產。是以養生送死唯賴於農，故民常苦貧。」〔註171〕

在這種極為貧瘠困苦的環境之中，回、漢兩族群的小民謀生方式產生了明顯差異。乾隆《西寧府志》稱：「經營手藝多出回民，而漢民養生送死唯賴於農。」〔註172〕而這種差異背後更真實的原因是：漢人和土人等佔據良田好川，職業大致不錯，因此多愛在家務農。回民則因為農業生產條件較差，「在家務農者很少，有的在阿爾泰一帶挖金子，有的在別處做小生意，均有吃苦愛勞的心，跋山涉水的力。」〔註173〕寧夏煤炭蘊藏豐富，當地回民多有出資開挖煤礦謀利者。比如，磁窯堡煤礦的開發，就是由靈州回民王氏家族發起的，並招當地漢民入股，集股打井，取名「仁義和井」，用土法開採。工人後增至 120 餘人，其中回民工人占七成。〔註174〕這些新興產業，是晚清以來，回民傳統經濟之外新的補充。綜觀整個清代，西北地區回民從事的非農行業門類相當繁多，其中牛馬販運、屠宰、牛羊肉、糧食、皮毛、製革、運輸、飲食、茶業以及香料等，都是從業人數較多的傳統行業。〔註175〕

同治以前，整個西北地區的商貿重心在回民密佈的關中地區，三原縣城、涇陽縣城與西安省城是其中三個鼎足而立的商貿核心城市。除此之外，四鄉各處均市鎮密佈。比如，三原縣東的林堡、縣西的秦堡、縣南的張村以及縣北的線馬堡等，商業都很繁華。此外由三原北門到涇陽縣的魯橋一帶，沿途各村市場亦相當發達。這些核心城市和商業中心鄉鎮職能與分工極為明細，如三原是布匹改裝、染色與轉運中心，也是西北藥材外銷的集散地；涇陽是西北茶葉、皮毛和水煙運銷中心，西安則是洋貨與京廣福雜貨集散地，同時也是西北地區牲畜外運的輸出口岸。〔註176〕回民世居其間，不論皮毛加工還是藥材、牲畜販運等諸多行業，均有所涉足。同治元年（1862），西北戰

〔註171〕〔清〕楊應琚：《據鞍錄》，乾隆四年六月二十二日。

〔註172〕乾隆《西寧府新志》卷八《風俗》。

〔註173〕王昱、李慶濤：《青海風土概況調查記》，西寧：青海人民出版社，1985 年，第 114 頁。

〔註174〕王永亮：《靈州王氏家族與磁窯煤礦》，《回族研究》1998 年第 1 期。

〔註175〕《回族簡史》編寫組編寫：《回族簡史》，銀川：寧夏人民出版社，1978 年，第 3 頁。

〔註176〕張萍、楊蕊：《制度與空間：明清西北城鎮體系的多元建構與經濟中心的成長——以西安、三原、涇陽為中心的考察》，《人文雜誌》2013 年第 8 期。

爭爆發，此後十餘年間，戰亂災荒不斷，區域人口經濟損失慘重，村落盡成瓦礫，商業受衝擊尤大，戰後商貿活動遂逐漸收縮於中心城市之中。同治以後三原縣城內商業繁盛，成為西安以北的商業中心，概因於此。〔註177〕

對於回民來講，戰後整個陝西省一百數十萬回眾除西安城內數萬人外，其他盡族西行，渭河兩岸回民幾乎絕跡，戰後多年許多地方都禁止回民入境，商貿也無從談起。甘、新兩省回民經濟亦遭到重創，以甘肅省西櫃回族茶商為例，戰亂期間，「回商多被迫脅，死亡相繼，存者寥寥；山西各商逃散避匿，焚掠之後，資本蕩然，引無人承。」〔註178〕由是私茶流行侵奪官茶，嚴重影響了官府稅收。同治十三年（1874），陝甘總督左宗棠整頓茶務，以票代引，復添設「南櫃」，扶植湖南巨賈朱昌琳充當總商領票包運包銷。〔註179〕而西櫃在同治戰後，僅剩魁泰通一家，無法獨立成櫃，只得附屬於東櫃。初「只領了一票，資金不過白銀五百兩左右。由於資金少，便和天泰運、裕亨昌合夥到湖南購茶。他們前往購茶時，從蘭州動身合夥買騾子一頭，用以馱行李，三人步行。到龍駒寨換船時，就把騾子賣了。所以是相當艱苦的。這樣合夥經營之後，約十幾年才興盛起來，各家都增至五票，並變合夥為獨立經營了。」〔註180〕由此可以想見當時回族茶商的衰敗狀況。在和平年歲回族商人往往只能於最貧瘠之處經營謀利。而戰亂之時，則最先受到衝擊，損失最重。從清代西櫃茶商的興亡史，大概可以管窺西北回族商人在政治權力邊緣艱難經商的生存狀態。

二、與牛羊等牲畜有關的特色產業及其背後的經濟因素

清代西北回族商人，雖然在官方壟斷行業中處於較為劣勢的地位，但在民間自發的商貿和手工業之中，卻表現極為活躍，而且極具民族特色。在門類繁多的非農產業之中，最具有普遍性和代表性的要屬與牛、馬、羊、駝等牲畜有關的行業，其中包括畜牧、飼養、販賣和屠宰牛、羊，販賣牛、

〔註177〕馬長壽主編：《同治年間陝西回民起義歷史調查記錄》，西安：陝西人民出版社，1993年，第239頁。

〔註178〕〔清〕左宗棠：《甘肅茶務久廢請變通辦理摺》，左宗棠著，劉泱泱、廖運蘭校點《左宗棠全集·奏稿六》，長沙：嶽麓書社，1996年，第7頁。

〔註179〕樊如森：《清代民國西北茶葉運營體系的時空變遷》，《人文雜誌》2016年第8期。

〔註180〕楊自舟、董文廷、聶豐年：《清末至抗戰期間副茶行銷西北簡述》，《甘肅文史資料選輯》第4輯，蘭州：甘肅人民出版社，1961年，第115～122頁。

羊肉，以牛羊肉爲特色的餐飲食品，以牛羊皮爲主的皮衣、皮貨、馬具及車具等製革業，以羊毛、駝毛爲主的毛織業以及以牛羊油爲主的製皀、製燭業等。

清代西北回民之中，有大量人口從事這些行業，其中部分行業因爲回族的印跡太深，幾乎成爲回民特有的行業，具有強烈的標簽意義。這在地方志中有大量相關記載。比如，甘肅西寧府一帶的回民，「皆擁資爲商賈以及馬販、屠宰之類」。〔註181〕秦州毛水峪一帶回民聚居，其人多「畜羊、剪毛、織褐以治生」。〔註182〕陝西省城西安回民的謀生之道，則「以力役及小本營生爲最大多數，次爲經商。而商業中又以食品商、牛羊肉商及飯店商爲多。」〔註183〕相比這些官私文獻，民間俗語中的相關內容更多，其中流傳最廣的就是「回回兩把刀，一把宰牛羊，一把賣切糕」，與之相似的俗語還有「回回兩把刀，一把切牛肉，一把割皮條」、「回回兩大行，小買小賣宰牛羊」、「不宰牛便宰羊，不打鍋盔但吃糧」以及「宰牛半，闖馬行，掌鞋賣飯皮毛匠」等。〔註184〕新疆奇臺一帶的民諺則稱：「回族三大行，饊饊、涼麵、芝麻糖」、「跑街巷、串貨郎、賣皮毛、販牛羊」〔註185〕這些民間俗語是對現實生活最精闢的總結，不但言簡意賅，朗朗上口，而且極富經驗性、趣味性和知識性，表達得相當傳神。

清代西北回族以牛羊肉爲特色的清眞餐飲業歷史悠久，但眞正得到比較廣泛的發展，應該是在同治西北戰爭之後。其原因主要是戰後回民多被異地安置，財產充公，田土盡失，生計相當困頓。而飲食行業起步的本錢較少，受眾較廣，雖然利薄，但虧本的可能性極小，比較容易謀生。〔註186〕晚清以來，西北各地凡城關市鎮回族人口聚居之處，清眞飲食成爲街市巷尾中的一大景觀。與傳統漢地食品相比，清眞食品用料獨特，加工潔淨，既富有異域特色，又蘊含傳統烹調文化的精髓。最重要的是，品種繁多，經濟實惠，與小民日常飲食息息相關。雖利薄而量大，極易獲利，如羊一項，羊頭、

〔註181〕〔清〕梁份：《秦邊紀略》卷一《西寧衛》。

〔註182〕乾隆《直隸秦州新志》卷二《山川》。

〔註183〕李興華、馮今源編：《中國伊斯蘭教史參考資料選編》，銀川：寧夏人民出版社，1985年，第1383頁。

〔註184〕安翔：《當代回族生計》，銀川：寧夏人民出版社，2013年，第294頁。

〔註185〕馬玉琪：《新疆回族經濟特點與發展的思考》，見雲南回族研究委員會編《回族學刊》第1輯，昆明：雲南大學出版社，2001年，第314~318頁。

〔註186〕王永亮：《西北回族經濟活動史略》，《回族研究》1996年第2期。

羊肉、羊蹄、羊骨、臟腑等皆可入菜，品類多至兩三百種。〔註187〕甘肅河湟的牛肉拉麵、寧夏的清眞全羊席、西寧的鹹肉以及陝西的羊肉泡饃等，都是其中極富特色的品種。圖9.8展示了民國時期西北一個普通的回族牛羊屠宰鋪面及招牌。

圖9.8　民國時期西北回族牛羊屠宰鋪面及招牌

資料來源：王建平編著：《中國內地和邊疆伊斯蘭文化老照片》，上海：上海辭書出版社，2012年，第79頁。

　　皮毛行業也是回民的傳統行業，在傳統文獻和民諺俗語中提及也比較多，民諺有「能捨爹和娘，不捨臭皮行」之說，〔註188〕青海大通境內很多回族工匠以家庭爲單位從事毛織業，俗語亦稱：「良教鄉的口袋匠多，橋爾溝的沙罐好。」〔註189〕至晚在嘉、道年間，西北地區以關中爲核心的皮毛加工、運銷體系就已相當成熟，僅渭南倉頭一個鎮的東關就有匠作坊72家，

〔註187〕王自忠口述、鄔英傑執筆：《清眞全羊菜譜》，北京：中國商業出版社，1983年，第1～219頁。

〔註188〕趙偉聘：《長治回民古今談》，《長治市城區文史資料》第3輯，1989年，第1～64頁。

〔註189〕自治縣概況編寫組：《大通回族土族自治縣概況》，西寧：青海人民出版社，1986年，第35頁。

〔註 190〕而涇陽縣的皮行更是甲於他邑，「每年二三月起至八九月止，皮工齊聚其間者，不下萬人。」〔註 191〕關中渭河沿岸雖爲回民麇聚之所，但同治以前西北皮毛之利多操於山陝漢族商人之手，回族商人在其中的話語權不多，回民業此者，多爲傭工皮匠。圖 9.9 展示的是民國時期隴東一帶加工皮革的男女穆斯林。

圖 9.9　民國時期隴東一帶加工皮革的男女穆斯林

資料來源：王建平編著：《中國陝甘寧青伊斯蘭文化老照片：20 世紀 30 年代美國傳教士考察紀實》，上海：上海辭書出版社，2010 年，第 79 頁。

就整個西北回族皮毛業來講，眞正發展則是遠在同治戰後，光緒五年（1879），天津英國洋行買辦葛禿子到石嘴山「探險」，看到當地人將羊毛漚爲糞土，即賒購四萬斤運往天津銷售而大發其財。〔註 192〕可見，此時西北回民聚居的寧夏一帶，毛織業仍基本處於原始空白狀態。以民國西北皮毛中心張家川爲例，該處相關產業眞正發展起來也是在進入民國之後。〔註 193〕晚清

〔註 190〕馬長壽主編：《同治年間陝西回民起義歷史調查記錄》，西安：陝西人民出版社，1993 年，第 57 頁。
〔註 191〕〔清〕盧坤：《秦疆治略·涇陽縣》。
〔註 192〕吳忠禮：《寧夏近代歷史紀年》，銀川：寧夏人民出版社，1987 年，第 91 頁。
〔註 193〕虎有澤主編：《張家川回族研究》，蘭州：蘭州大學出版社，2007 年，第 26 頁。

西北回族皮毛業的擴大和興盛，與晚清開放通商口岸，中國經濟開始融入到國際經貿體系之中的大環境有關，尤其是天津開埠後，貿易迅猛發展，〔註194〕爲西北皮毛出口提供了強勁的動力，帶動了整個產業的發展。

　　與牛、羊等牲畜有關的行業之所以成爲回族的特色行業，與宗教的因素直接相關。受伊斯蘭宗教影響，回民在日常生活之中有較多的飲食禁忌。比如，飲酒被視爲「穢行」和「惡魔的行爲」。回民一般不吃血液、自死物及其他不潔食物，對肉食的選擇更是極爲嚴格。回民禁食馬、驢、騾、黃鱔、蛇、青蛙、狗以及各種猛獸食肉動物的肉。尤其禁食豬肉，並禁止從事諸如養豬、宰豬、售賣及製作與豬有關的產品等一切與豬有關的行爲，這是回民生活習俗中最爲顯著的特點。伊斯蘭法典中允許的食物包括牛、羊、駝等草食反芻動物，雞、鴨、鵝等禽類以及海洋中的魚、蝦類等。〔註195〕西北地區荒原草地較多，宜於牧放，回民耕作之外，飼養牛羊等牲畜比較普遍。這種獨特的飲食結構和生活方式，不但增加了回民在牛羊飼養方面的熱情，同時，也促使回民在牛羊屠宰、加工、製作、烹飪等方面的技藝得到發展。這對回族非農產業的影響極大，在許多的相關產業之中，回民扮演了極重要角色，甚至佔有絕對的優勢地位。

　　中國人很早之前就已經馴養包括馬、牛、羊、豬、狗、雞等六畜在內的各種動物，以獲得肉食。而且，不同肉食在食物系統之中有著不同的地位。《國語‧楚語下》載稱：「天子食太牢，牛、羊、豕三牲俱全，諸侯食牛，卿食羊，大夫食豕，士食魚炙，庶人食菜。」可見，肉食自古以來就是上等的食物，一般小民根本無權享用。實際上，不只是小民，即使對大部分上層社會人士來講，吃肉也是一件比較奢侈的事情。故，《禮記‧王制》稱：「諸侯無故不殺牛，大夫無故不殺羊，士無故不殺犬豕，庶人無故不食珍。」

　　傳統農耕時代，農業爲小民與國家生存之本，耕牛是最重要的生產資料和畜力來源。因此，在漢地社會主流文化之中，禁食牛肉的背後通常隱含著感恩的道德訴求，而保護耕牛普遍視爲對農事順利及社會風化具有極爲重要象徵意義。自秦漢以來歷代多有禁止屠牛的嚴格法令。比如，唐律就規定「諸故殺官私馬牛者，徒一年半……其誤殺傷者，不坐，但償其減價。主自殺馬

〔註194〕樊如森：《天津開埠後的皮毛運銷系統》，《中國歷史地理論叢》2001 年第 1 期。

〔註195〕李德寬：《當代回族飲食文化》，銀川：寧夏人民出版社，2014 年，第 263～266 頁。

牛者，徒一年。」〔註196〕在這種社會大環境下，食用牛肉不但面臨道德上的譴責，還有可能面臨法律上的懲罰。因此，魏晉以來，羊肉逐漸成爲上層社會肉食的主要來源，如沙苑蠶耳羊最初就是皇家飼養專供肉食的品種。及至宋代，羊肉已經成爲官方民間餐桌上的頭等肉食。宋元以後屠牛禁令雖然漸弛，豬肉食用日廣，並逐漸進入上層社會的食肉名單之中，國人肉食習慣發生逆轉。但是，自秦漢以來就附加在牛羊肉上的社會等級觀念，卻長期存在，並對後世產生深遠影響。牛羊肉仍然是極爲尊貴的肉食品種，與豬肉相比，一般人不易享用。

明清時期很多官私文獻都將「屠牛和食用牛肉」與「賭博」、「鬥毆」等社會惡習並列。比如，在雍正十三年（1735）十一月二十三日的上諭中，雍正帝就稱：「民間惡習無過於博戲，有或陷溺於其中，則子弟欺其父兄，奴僕背其家主，逃亡、盜賊之源，鮮不由此。又有市井奸凶，十五爲群，聚黨鬥狠，爲患於鄉閭，或強爭市肆，或凌挾富人，朝罹官法，夕復逞兇，其惡不減於劫盜。至耕牛爲農事之本，民賴以生，故惟郊壇、宗廟、社稷、嶽瀆之重，乃用太牢，而愚民妄肆屠宰，價賤於羊豕，悖莫甚焉……昔皇考多方鼓舞，故告發賭博隸民加賞，有司議敘而奉行失宜，間或有生事自以爲功者，自今以往，其各實心查禁。若不能禁賭及造賭具者，即以不職罪之，打降及屠牛亦然，惡萌復生將墜皇考已成之治化。」〔註197〕很顯然，在明清社會之中，漢地主流文化對於「屠牛」與「食用牛肉」等行爲在道德上的訴求與文化上的禁忌是相當強烈的。

伊斯蘭教法典對於飲食，尤其是肉食選擇，有極爲嚴格禁忌和偏好。回民喜好牛羊肉，絕對禁止食用豬肉及與豬肉有關的一切製品。因此，屠牛宰羊是回民日常生活中遵守教法的一部分，也是營生謀利的重要途徑。然而，在漢地社會主體人群，尤其是士紳等精英人群的觀念中，回民屠牛宰羊的行爲有違社會風化，而食用牛羊肉這類貴族化肉食的行爲，則在儒家飲食等級文化上，形成了某種程度的僭越。因此，不論地方漢士紳，還是督撫大員在痛斥回民不遵守儒家禮法的種種行爲時，均把「屠牛」放在重要位置，視爲無法忍受的「惡習」，如山東巡撫陳世倌在雍正二年（1724）九月的一份奏摺中就稱：「回教不敬天地，不祀神祇，不奉正朔，不依節序，另立宗主，自爲

〔註196〕　〔唐〕長孫無忌等著：《唐律疏議》卷一五《廄庫・故殺官私馬牛》。
〔註197〕　《清高宗實錄》卷七，「雍正十三年十一月丙辰」條。

歲年。日用豬肉，指爲禁忌，而椎牛共饗，恣其貪饕，人家肴饌，絕不入口，而宰割物類，另有密咒……所可惡者，黨羽眾盛，到處橫行，打降逞兇，包娼窩盜，屠牛剝羊，掣鷹架犬，無所不爲，一旦事發，則合黨群起，不呼而集。」〔註198〕字裏行間隨處可見漢地官紳對回民屠牛行爲的極度厭惡與嫌棄。元明以來回回人口增長很快，不但形成了西北、西南這樣的人口聚居區，在全國其地區更是與漢地社會主體人口高度錯雜聚居在一起。這種人口空間分佈格局使得雙方對各類政治、經濟和文化資源的競爭，在最廣泛的社會層面糾結雜糅在一起，而以「屠牛」這一物化標籤爲核心的爭論，只不過是雙方衝突與摩擦在飲食文化方面的集中體現。

經濟學者賴建誠對國人不輕易食用牛肉的原因進行了分析，他認爲：「如果富家嗜吃牛肉，在承平時期會引起社會性的示範效果，中等家庭也仿傚的話，就會有一部分的耕地被挪作畜養肉食用的牛……若民間有吃牛肉的習慣，一旦遇到糧食欠缺，就會有更多的窮苦人家餓死，所以就用更根本的道德性訴求，切斷民間對牛肉的需求：牛隻耕田養活我們，不可忘恩負義吃它。這種道德訴求納入宗教後，有效地壓抑了牛肉的需求。富有家庭就算有能力有機會，也不敢輕易吃牛肉，以免遭議論。這樣的文化禁忌，有效阻擋畜穀爭地的機會。」〔註199〕用最直白的話進行翻譯，這段文字所要表達的核心觀點就是：國人不吃牛肉是因爲牛對我們有恩，不能屠殺它，更不能吃它。如果道德層面的自我約束可以壓抑人們對牛肉的需求，那麼法律就沒有存在的意義，因爲這種高度的自我道德約束同樣也可以阻止一切犯罪和非理性行爲。很顯然，這種觀點是經不起推敲的。實際上，在文化禁忌與道德訴求下，漢地社會對回民屠牛行爲厭惡與嫌棄的背後，更深層次的原因是現實的經濟利益。

只要仔細分析就會發現，禁食牛肉的道德訴求與傳統飲食文化中的肉食等級觀念是相互矛盾，完全背離的。牛羊肉最初是僅供貴族士大夫等政治特權人群專享的權力食物，後世逐漸演化爲有錢的上層社會人士享用的貴族化食物，不論何種變化，牛羊肉都與普通民眾的飲食相去甚遠。而能夠食用牛羊肉，顯然是身份、地位與財富的直接體現；另一方面，傳統中國小農經濟

〔註198〕雍正二年九月十二日山東巡撫陳世倌奏，見臺北故宮博物院編《宮中檔雍正朝奏摺》第 3 輯，臺北：臺北故宮博物院，1979 年，第 177 頁。

〔註199〕賴建誠：《經濟史的趣味》，杭州：浙江大學出版社，2011 年，第 187～189 頁。

中，因爲絕大多數農戶擁有的土地面積較小，達不到飼養大型畜力的平衡點，〔註200〕牛的數量極爲有限。這兩種因素疊加在一起，牛肉的價格必然極爲昂貴，一般小民根本無力消費。而屠宰與販賣這些貴族化的肉食品種，當然也可以獲得到極高的收益。那麼，爲什麼屠牛宰羊這樣一個回報率極高的產業，會成爲回民的特色產業，而漢民卻較少參與呢？除了文化禁忌和道德訴求方面的原因之外，要眞正回答這一問題，仍然要從經濟的角度入手進行分析。

傳統漢地社會以農耕爲主，一般漢族小民食物結構以麥、稻、秫等各類穀物爲主，肉食嚴重不足。造成這一現象的主要原因是，同一塊土地種植糧穀比飼養牲畜，能養活更多的人口。現代食品學研究表明，每生產 1 個單位的動物蛋白大約需要 13 個單位的糧穀飼料。而每生產 1 個單位的食用動物蛋白，則大約需要 26 個單位的糧穀飼料。〔註201〕很顯然，在人多地少資源匱乏的情況下，不論官方還是民間，首先會選擇種植糧食而非飼養牲畜。在這種情況下，其實不只是牛、羊等貴族化的肉食，即使豬肉與各類家禽肉等，也都是極爲珍貴的食物，一般小民根本無力消費，終年也吃不到幾次肉。比如，民國年間安徽績溪一帶，平常家庭一年吃不到幾次肉，有人用木頭雕成魚形放在菜盤內，夾菜時順便碰一下木魚，表示沾到肉類。〔註202〕民間故事中也有傳稱徽州人家中掛一塊肉皮，每次出門時擦下嘴唇，滿嘴油光光的出門，以炫耀自己吃過肉了。〔註203〕北方水少，吃魚更是相當奢侈的事情。豫北一帶鄉下也有吃木魚的習俗。魚一般用棗木刻成，放在盤子裏，招待客人時把做好的鮰種佐料澆上去。用餐時客人還會裝模作樣地拿著筷子在上面叨幾口，誇主人手藝好。〔註204〕從這些記載可見，漢地社會一般小民日常生活中因肉食缺乏而產生的想像，已固化爲日常習俗的一部分。俗語稱：「貴人吃貴物，賤人逮豆腐」〔註205〕指的就是在動物蛋白嚴重缺乏的情況下，國人以豆類及其製品來補充植物蛋白的無奈選擇。

〔註200〕這一點諸多歷史學者與經濟史學者都做過研究，本章第第二節已做過交代，在此不多贅述。
〔註201〕王洪新等編著：《食品新資源》，北京：中國輕工業出版社，2002 年，第 6 頁。
〔註202〕賴建誠：《經濟史的趣味》，杭州：浙江大學出版社，2011 年，第 188 頁。
〔註203〕王相雨：《月下清風》，濟南：山東大學出版社，2012 年，第 162 頁。
〔註204〕趙文輝：《苦水玫瑰》，南昌：百花洲文藝出版社，2016 年，第 74 頁。
〔註205〕趙榮光：《中國飲食文化史》，上海：上海人民出版社，2006 年，第 275 頁。

傳統漢地社會中能夠提供肉食的動物基本上以牛、馬、驢、騾等大型動物和雞、鴨、鵝、豬、羊等家禽家畜等為主。這些動物中馬肉性冷，味辛苦。騾肉性溫，味辛。兩者均口感較差，且均有小毒，〔註206〕不適宜多食。同治元年（1862）九月間，多隆阿所部缺糧月餘，各營多以馬肉包穀充饑，士兵因此患病眾多。〔註207〕民間不論漢人還是回民，都沒有吃騾肉和馬肉的習慣。驢肉味美，俗語有「天上龍肉，地下驢肉」之說，除了指驢肉好吃之外，恐怕更多的暗喻是指驢肉極為少見，不易獲得。另一方面，馬、驢、騾等動物只適於馱運趕腳，不善於農作耕種，普通小民家庭如果不經營販運，一般不會飼養，因此數量極為有限。

雞、鴨、鵝家禽養於房前屋後，吃五穀與田地的蟲螺，基本不與糧穀爭地，飼養成本較低。但大部分小農家庭飼養這些家禽的目的主要是以禽蛋換取日常零用之錢，補貼家用，而非獲取肉食，正因為如此，一般家庭平日無事很少捨得宰殺。羊以食草為主，飼養成本較低，但是需要專人牧放，佔用人力較多。羊為群居動物，易生傳染病，尤其是飼養較多綿羊，生存能力極差。〔註208〕在現代皮毛業興起之前，單純以食肉為目的的養羊行為，可能面臨較多的風險。此外，另一個影響養羊的重要因素是羊啃食青草時，往往連根拔起，對地表植被傷害較大。冬季草死，牧放羊群缺少食物往往會啃食禾苗，極易引發事端。同治以前關中地區曾普遍存在以防止羊群踩踏禾苗為訴求的「羊頭會」組織。因此，放羊的行為在農村社會中並不太受歡迎，而放羊者的形象也不太正面。

與這些動物相比，豬是典型的雜食動物，日常餐餘剩飯，輔以青草、藤秧、秸稈和部分糧穀就可飼養，雖然存在與糧穀爭田的情況，但因對飼料的轉化率極高，豬糞便更是農業植種的絕佳肥料。明清以來，小農家庭普遍養豬，其目的除年終宰殺出售換取錢財外，積糞肥田是一個很重要的原因。筆者幼年生長的北方農村，每年秋冬季節各家都會把積肥從豬圈裏挖出，運至自家田間地頭，翻土肥田。農家年終有宰豬的習俗，但一般小農家庭如果沒

〔註206〕〔明〕許浚編著：《東醫寶鑒》，北京：人民衛生出版社，1982年，第700、795頁。

〔註207〕同治元年（1862）九月初九日（戊午）多隆阿奏，見〔清〕奕訢等編修《欽定平定陝甘新疆回匪方略》卷二三。

〔註208〕〔法〕布封著，孫建偉編譯：《自然史》，北京：外語教學與研究出版社，2010年，第10～11頁。

有婚喪嫁娶等重大事項，絕少有自行殺豬者，所養的豬大都出售換錢。即便富裕家庭，宰殺所得豬肉自己也只是留取一部分，其他盡賣與鄉鄰，以獲取部分錢財。

農村耕牛的存在比較特殊，雖然牛善於耕地，對農業生產極有幫助。但漢民飼養耕牛的比例極低，主要原因是飼養耕牛這種行為的經濟性較差。一般小農家庭田地數量有限，根本達不到飼養耕牛這類大型畜力的平衡點，故而無力飼養；另一方面，和豬相比，牛這種反芻類大型動物食量極大，飼養需要大量植物飼料，成本較高。而且牛糞之中含水量大，糞內空氣少，分解速度較慢，速效養分少，發熱量少，並不是優質的農田肥料。〔註209〕僅為有限時間的農忙耕作而飼養耕牛，其他絕大部分時間閒置，顯然是虧本的。在飼養本身無法營利的情況，如果專為宰殺而養牛，可能面臨一定的風險和不確定性。尤其是在歷代多有屠牛禁令的情下，政策方面的風險，可能較大。傳統漢地社會主流文化中，對於屠戶和屠夫的評價較低，只要看下諸如《水滸傳》之類傳統文學作品中有關屠夫形象的臉譜化描述，就能感受到這種濃重的文化禁忌的氛圍。一首關於屠夫的竹枝詞寫道：「屠羊世業勝屠牛，屠戶群中出一頭。轟烈性成輕貨利，武夫偏愛結名流。」〔註210〕作者把屠夫比喻成武夫，短短數語就把其有錢沒文化還喜歡和社會名流交往的形象，描寫的栩栩如生，讀來極為傳神。但是，透過這些尖酸刻薄、充滿諷刺和鄙視的文字，字裏行間作者本人的文人窮酸樣也躍然紙上。牛屬於大型動物，個體肉食含量較多，殺牛不可能像年終殺豬一樣，四鄰莊鄉稍加分散，就可以在特定的小範圍內消耗掉。因此，殺牛賣肉必定是一種商業行為。對於回民來講，一方面，不存在文化上的忌禁；另一方面，回民喜食牛羊等肉，空間分佈上又多聚族而居，有固定的消費人群和消費市場，這些有利因素可以大大降低屠牛這種行為的商業風險和其他不確定性。因此，相對於漢人，回民之中屠牛為業者可能更多一些。

在傳統農業時代肉食如同奢侈品，一般人沒有能力消費。與此同時，屠宰行業被整個社會普遍認為是一種較為低賤的行業，一般人不願從事；但是，在另一方面，真正有能力消費肉食，尤其是牛羊肉這種貴族化肉食的人，又

〔註209〕河南百泉農學院編：《農家肥料》，鄭州：河南人民出版社，1979 年，第 17頁。

〔註210〕潘超、丘良任、孫忠銓等主編：《中華竹枝詞全編》（二），北京：北京出版社，2007 年，第 519 頁。

是整個社會之中有錢有權的所謂精英人群。在這樣一個供需結構之中，屠牛必然是一個回報極高的行業。這些被小民及士紳們鄙視的從事低賤的行業屠夫們，恰恰是可以獲得豐厚利潤的人群。從這一個角度來看，歷代官方屠牛禁令恰恰是民間屠牛行為普遍存在的同義詞，是一個事物的兩個方面，如兩宋時期，歷代皇帝都頒佈了不少禁止屠牛的律令；但另一方面，朝廷每年又要徵購大量牛皮、牛筋、牛角等物資用於征伐。時人稱：「程限急切，至殺牛納皮，稍小納不中官，州縣捕捉，又科殺牛之罪。」〔註211〕在這樣自相矛盾的法令之中屠牛禁令如同虛文，民間屠牛之風極盛。這當然不只是為了滿足徵繳牛皮等物資的需要，而是暴利所驅。北宋大觀（1107～1110）年間，「日以屠牛取利者，所在有之。比年朝廷雖增嚴法度，然亦未能止絕。蓋一牛之價不過五、七千，一牛之肉不下三、二百斤，肉每斤價值需百錢，利入厚，故人多貪利，不顧重刑。」〔註212〕以此估計，僅牛肉一項價錢就是賣活牛的4倍。宋元以後，屠牛禁令雖歷代多有，但在高額利益面前，這些禁令大多廢弛。總之，屠牛這一行為，在漢地社會具有久遠的歷史，並且一直存在，從未間斷。而對於整個屠宰從業人群的厭惡和嫌棄，最初也與回民沒有關係。

自明中期以來，漢地官紳階層開始把屠牛這樣一個漢地社會長久存在普遍行為與回人屠牛等同起來，並逐漸出現在官方的正式文本之中，比如雍正帝在雍正七年（1279）四月的一份上諭中就稱：「如陝省之回民較他省尤多，其私販聚賭私藏兵器，種種不法之案屢出，較他省回民為甚。又如奉旨禁宰牛隻，乃勸民務農勤稼，所以重惜力耕之物命，聞回民頗有怨言，且有私自屠宰者。此即居心殘忍。不務本奉法之一端也。」〔註213〕在六月的一份上諭中，雍正帝又稱：「惟百姓有回子一類，以宰牛為業，試思貿遷有無，百工技藝，何業不可營生，而必欲為此犯禁傷農之事？」〔註214〕乾隆寧夏知府張金城則稱：「寧夏郡各屬山村多有回民雜處，屠牛掘墓，私販鹽茶，每多依強生事，動輒糾眾抗官。」〔註215〕實際上，清代民間屠牛行為官方並未完全禁止，

〔註211〕〔北宋〕蔡襄：《上仁宗論民不可不恤財不可不通》，見〔北宋〕蔡襄撰，陳慶元等校注《蔡襄全集》，福州：福建人民出版社，1999年，第805頁。

〔註212〕〔清〕徐松輯，劉琳等校點：《宋會要輯稿》，上海：上海古籍出版社，2014年，第14冊，第8311頁。

〔註213〕《清世宗實錄》卷八〇，「雍正七年四月辛巳」條。

〔註214〕《清世宗實錄》卷八二，「雍正七年六月丙申」條。

〔註215〕乾隆《寧夏府志》卷二〇《藝文志・記》。

而民間屠宰之風相當盛行。比如，西安府耀州一帶，「俗多屠牛，向給正署每日燭二斤，每季錢捌串文，本任內將此項裁汰，永禁屠牛。傳各保正給與木牌告示格式，令有犯即稟，其風少息。然自八月至次年四五月，無良者往往賄串偷宰，城內尤甚，是在嚴密查察耳。光緒十六年（1890）知州鄭思敬添附。」〔註216〕這段史料至少可以說明以下幾點問題：其一，俗好屠牛，而官府定額徵收錢物，顯然屠牛這行為在該地曾長期合法存在。其二，同治戰前耀州雖為回民麋聚之區，但戰後已經絕跡，光緒禁屠後仍有偷屠現象，說明操此業者盡為漢民。其三，漢民賄串偷宰，說明屠牛利潤極高，值得冒險求利，而戰前該州屠牛者亦不可能盡為回民。其四，城內官府眼皮之下偷屠尤甚，說明禁令根本沒有什麼作用，而民間對於牛肉有強大的需求。

　　從上述分析可見，清代官方及民間關於禁止屠牛的言論與文本，大多數時候僅僅停留在文化心理層面的禁忌與自我道德約束層面的宣教。但官方文本固化了回民屠牛的形象，且迅速完成了污名化的過程，並最終把民眾對於屠牛的厭惡和嫌棄，轉移到整個回族群體上。這樣一個轉變，可能與明中後期以來回回這樣一個族群開始登上歷史舞臺，開始全面參與在社會生活的各個方面，並逐漸與漢民競爭和分享各類社會資源有關。而漢族士紳階層對於回人屠牛的排斥與厭惡，除了源於文化上的優越感之外，也可能和屠牛行業的豐厚利潤有一定關係。

三、清代西北回族以蒙藏中間商為特色的陸路趕腳販運業

　　趕腳販運指的是趕著馬、驢、騾等大牲畜，或趕著大車供人雇用騎乘和販運的活計。商業販運不論長途還是短途，趕腳者往往都結伴而行，民間習慣上稱之為「馬幫」、「駝幫」、「吆騾子」等。而操此業者則被稱為「腳戶」、「腳夫」或者「馬客」等。清代西北回民操此業者極多，這在官私文獻及民間口述史料中可以找到大量相關內容。比如，商州鎮安縣所轄龍王寨、十八峙及土地嶺一帶回民較多，「經本強悍，掌教鄉練務在得人。又多畜騾之家，以趕腳為業，每於途中購取客貨，成群結黨，莫可誰何。」〔註217〕鎮安縣地處秦嶺以南漢水支流洵河的上游，群山之中，田多地少，回民多以此為生。即使關中沃野之區，回民販運謀利者亦多。比如在西北大碼頭涇陽一帶，就

〔註216〕乾隆《續耀州志》卷四《田賦·風俗》。
〔註217〕乾隆《鎮安縣志》卷六《風俗》。

有大量回民以馱運爲業。〔註218〕鳳翔府的崔家凹戰前有「回民三四十家，土地有三頃多。村裏回民主要以農爲業，亦兼營趕車。」〔註219〕新疆呼圖壁一帶民諺則稱：「回回的吃喝人人誇，跑車養馬是行家。」〔註220〕奇臺一帶俗語亦稱，回民主要職業是「攬腳夫、開食堂」。〔註221〕

同治西北戰爭結束後，陝西回民被安置於甘肅境內，出行受到嚴格管控，原以趕腳爲生的甘肅回民亦因此受此影響。左宗棠注意到這一問題，在隨後的批札中稱：「甘境安插回民請票赴陝，應行察禁，免生事端，原指安插陝西回民而言。若本省土回有因居處毗連陝壤向赴陝境貿易及趕腳營生者，自未便一律禁止，阻其生路。然因何事何往，必須嚴令恪遵定章，報由該管百家、十家長呈請地方官給票出府出省，並應轉稟道府加給印票定限回銷。沿途如遇風雨阻滯，或腳夫到地卸載另受商雇，及回商到地後復赴別處販賣，不能如限歸籍，須展限若干日，均准執原領路票呈請該處地方官衙門於原票上分晰注明，加蓋印信，一面移知該安插衙門，一面具報，以便稽察。倘展限之後仍逗留不歸，立予拿辦。」〔註222〕此事引起左宗棠注意，不僅親自過問而且還對相關政策進行調整，這說明地方官員在執行原有政策時，波及人群太廣，影響到不少人的生計。而甘肅省境內的回民前往陝西境內經商貿易，或者以趕腳爲生者，人數相當多。

西北地方民歌「花兒」中有不少唱段。比如，《腳夫令》、《吆騾子》、《腳戶哥下四川》等，都是關於腳夫趕腳的。這些唱段大都是長年在外的腳夫們寂寞旅途中吟唱的，曲調相似，內容也大同小異，歌詞一般多爲 6 句，也有長至 40 句的，長短不拘一格，完全由所表達的內容決定，唱詞多以傾訴男女愛情和憧憬美好生活爲主旋律，但也有各自流傳區域的鮮明特色。比如，保安族中流傳的腳戶歌稱《保戶令》，是山歌「花兒」的主曲調之一，歌詞一般

〔註218〕馬長壽主編：《同治年間陝西回民起義歷史調查記錄》，西安：陝西人民出版社，1993 年，第 189 頁。

〔註219〕馬長壽主編：《同治年間陝西回民起義歷史調查記錄》，西安：陝西人民出版社，1993 年，第 352 頁。

〔註220〕李長青：《呼圖壁縣回族簡況》，《昌吉文史資料選輯》第 7 輯，第 42～44 頁。

〔註221〕馬玉琪：《新疆回族經濟特點與發展的思考》，《回族學刊》第 1 輯，第 314～318 頁。

〔註222〕〔清〕左宗棠：《清水縣高令蔚霞稟縣東北街接陝壤回民結群赴陝割麥營生似有未便等情由》，見左宗棠著，劉泱泱、廖運蘭校點《左宗棠全集·批札》，長沙：嶽麓書社，1996 年，第 390 頁。

用漢語，但襯詞則多用保安語及鄰近的撒拉語、藏語。歌詞寫到：

頭幫的騾子滿頭紅，

你看一個尕阿哥好不英雄。

騾子哈走到西口外，

西口外馱一趟駝毛來。

騾子趕到巷道裏，

叫一聲尕妹房上看個來。

騾子趕到大門外，

叫一聲尕妹開門來。

雙扇大門兩面開，

叫一聲腳戶哥快進來。

騾子拉到轉槽裏，

喂了麩料飲水哩。

尕馱子卸在櫃子上，

三間的大房歇陰涼。

大紅的桌子四四方，

烏木的筷子雙下上。

青銅的壺兒裏茶燉上，

七寸的碟兒裏肉撈上。

方盤子拾上的大鍋塊，

指甲麵片蔥花配。

一口吃飽著心歡暢，

多謝尕妹的好心腸。

頭幫的騾子起了程，

二幫的騾子哈響起了鈴。

一條條大路通天邊，

腳戶哥的路兒走不完。〔註223〕

今天的保安族即清人所稱的保安回，與今之東鄉族、撒拉族和回族一樣，都是清人視野裏的「漢裝回」。民歌是經過廣泛的群眾性即興編排和口頭

〔註223〕姚忠德編著：《青海民間歌曲集錦》，西寧：青海人民出版社，2007 年，第 139頁。

傳唱而逐漸發展起來的歌謠，是普通民眾社會生活的情感宣洩和文化留存，具有強烈的現實性。「花兒」中大量腳戶歌的存在，足以表明，舊時西北回族之中有大量人員從事趕腳的生計。清人稱西北地區「車夫、騾夫，半多回民。」〔註224〕所言雖係概略印象，不免有誇大之嫌。但西北回民素有飼養、販運馬、騾、驢以及駱駝等牲畜的傳統，以此謀生者極多，的確是事實。趕腳販運在清代西北回族非農產業中佔有極重要的地位。這種行業狀況，與清代西北回民的經濟地位有直接關係。

總體來看，西北回民農業耕作環境不如漢民優越，單純依靠農業種植，或養羊牧放等有限補充，生計會比較困難。而從事經商貿易，又在整個國家管控的商業利益分配體系中處於比較邊緣化的位置，只能在利源貧瘠之區進行活動，根本無法與漢民為主的山陝等商人進行抗衡。趕腳販運與行商坐賈不同，大都是幫人馱運貨物，從中收取運費。因此，需要的本錢較少，除了購置馱畜車輛外，其他財產性投入較少，入門的資金門檻相對比較低。清代西北回民較多從事這一行業，顯然與其在整個社會經濟中所處的地位是比較相符的。俗語稱：「人離鄉賤，物離鄉貴」，趕腳販運長年遠走四方，擁有經商貿易的社會關係和各地商品物價信息，在幫人馱運之外可以自帶貨物異地交易，換取差價，比較容易致富，比如從上引《保安令》中腳夫回到家中用烏木筷子撈肉吃的一段唱詞來看，馱夫的生活與一般小農家庭相比，還是相當富裕的。但實際上，趕腳販運的生計，遠沒有歌謠中描述的如此輕鬆愜意，也遠沒有如此容易致富。從事這樣一個行業，除了需要吃苦耐勞的堅強意志和強健體魄，還要忍受長時間遠離家鄉親人的精神壓力，非一般人可以承受。河州回族中流行的「花兒」《腳戶哥下四川》唱詞中就寫到：

> 掌櫃的騎馬者打前站，
> 苦命的哥哥們往後攆。
> 千里的大路（哈）幾時到？
> 腳底板上打滿了紫血泡。
> 站到店裏者把燈（哈）照，
> 氣死貓的燈底下挑血泡。
> 燎紅的火針者連心痛，

〔註224〕〔清〕左宗棠：《督軍分道入關摺》，見左宗棠著，劉泱泱、廖運蘭校點《左宗棠全集·奏稿三》，長沙：嶽麓書社，1996年，第370頁。

不挑血泡是走不成。〔註225〕

　　對於回民來講，遠離家鄉親人從事這樣艱苦的趕腳販運行業，其中頗多被動無奈。大荔縣有個叫大瓜蛋的回民，王定安《湘軍記》載稱：「其回目狡戾者，曰赫名堂，曰任五，曰馬世賢，曰洪興，曰馬龍、馬四元，曰乜代榮、乜代恩，曰邸元魁，曰大瓜蛋，曰哈哈娃。其首難者，赫名堂、任五也。」〔註226〕指的應該就是此人。大瓜蛋的真實姓名現已未知，但既然與赫明堂、任老五以及洪興等人齊名，想必同治戰時為著名回首，肯定也是相當強悍的人物。大荔縣民間傳稱：「在金家村，曾有一墓被掘。村人說是大瓜蛋的墓。與大瓜蛋同時的，還有一個叫瓜子。此二人生前居無定所，好似走江湖似的，約以販運貨物為生。」〔註227〕這樣的表述方式背後的暗喻顯然是指趕腳販運者，大都為強梁鬥狠之輩，並非一般安分守業的百姓，其中頗有貶損之意。因此，從事趕腳販運者雖然較普通小民富裕，但這一職業可能並不太受人尊敬，大多數人也視之為畏途。

　　西北回人趕腳販運的艱辛，民國年間甘肅回族學者竹籬對此作了較為概括的總結，他說：「回族住在甘肅省……其在第一、五兩區者，因接連藏區，以赴番地為謀生之路；走此路者，以臨潭、和政、臨夏人數最多，用牦牛馱載藏區所需用的各種貨物，攜帶帳房，騎乘馬匹，手執武器，集合成千成百的商隊，行走草地，隨游牧民族千里經商，以物易物，遠至玉樹、西康、西藏等地，經過春夏秋冬，經年一回，受盡了風雨霜雪，其生活之苦，難以言形。這種叫牛馬販子，是作牛馬和皮毛的販運者；其住在隴東海固各地者，以駱駝運輸為其主要職業。過去，經外蒙、綏遠以至張家口，或庫倫新疆；其次無向外發展機會之回民，或小驢數頭，馱運食鹽、糧食，或趕騾赴川，由中壩至甘肅馱運川、甘兩省貨物；其有技術能力者，熟製皮貨，跑四川，下漢口，到上海。最下者肩挑雞子雞蛋，阿干鎮的磁器，往來行走於蘭臨道上。」〔註228〕民國二十四年（1935）八月甘肅全省開始劃分行政督察區，其後區劃及數目多有調整和變動。抗日戰爭結束後，第一專署駐岷縣，轄隴西、漳縣、夏河及卓尼設治局等處。第五區駐臨夏，轄永靖、寧定、和政等

〔註225〕馬冬雅：《當代回族音樂》，銀川：寧夏人民出版社，2013年，第124頁。

〔註226〕〔清〕王定安：《湘軍記》卷一七《平回上篇》。

〔註227〕馬長壽主編：《同治年間陝西回民起義歷史調查記錄》，西安：陝西人民出版社，1993年，第128頁。

〔註228〕竹籬：《回教在甘肅》，《新甘肅》1947年第2卷第1期。

縣。〔註229〕這兩區基本位於清代蘭州府西南和鞏昌府西北部，與青海藏區相接壤。馬平對近代甘青川康邊藏區與內地貿易中的回族商人進行了研究，認為：很早以前西北回族商人就在新月形對邊地藏區貿易中，成功扮演了中間商的角色。〔註230〕筆者認為，這一中間商的定位是極為準確的。從竹籬的記述來看，西北回族商人這種中間商的角色，遠不僅僅局限於邊地藏區，在北部蒙古方向，甚至遠及域外地區的整個西北中國和亞洲內陸地區，回族商人都扮演了重要的中間商角色。

　　西北回民有販馬、養馬的傳統，以此為生計者人數較多。比如，同治以前大荔南王閣一帶回民，「多養馬匹，馬匹是由黃龍山買來的。黃龍山在北邊，距此很遠。在八女村以西，紅廟附近，回回在那裡有跑馬坊（場），經常在場上賽馬。」〔註231〕省城西安附近的回民農務之外，很多人也兼營販馬。該地回民中有一句俗語說：「『米家崖裏養娃──一蘭子』，就是說其地有販馬幫每年去洮州，回來後年輕人在家裏一住，接著又走，次年婦女生孩子便接二連三，造成風氣，所以叫『一蘭子』（一股風氣）。」〔註232〕同治西北戰爭爆發後，回民因為擁有馬匹較多，往來馳騁於關中平原之上，行蹤飄忽，速度極快，對清軍造成極大威脅。同治元年（1862）八月底，勝保就曾奏稱：「回匪多繫馬販出身，馬匹極其精壯，多成萬餘……各營所存馬隊不過二千數百名。」〔註233〕戰後官府曾長期嚴禁西北回民販馬，但光緒初年，省城西安官府仍然要依仗西安城內的「馬、金、劉、穆、藍、米等六家出外為他們販馬。」〔註234〕因此可見當年西北回民在販馬這一行當中的絕對統治地位。

〔註229〕傅林祥、鄭寶恒：《中國行政區劃通史·中華民國卷》，上海：復旦大學出版社，2007年，第417～418頁。

〔註230〕詳請參見馬平的《近代甘青川康邊藏區與內地貿易的回族中間商》（《回族研究》1996年第4期）和張世海的《民國時期安多地區的回藏貿易》（《回族研究》1997年第2期）等文章。

〔註231〕馬長壽主編：《同治年間陝西回民起義歷史調查記錄》，西安：陝西人民出版社，1993年，第130頁。

〔註232〕馬長壽主編：《同治年間陝西回民起義歷史調查記錄》，西安：陝西人民出版社，1993年，第167頁。

〔註233〕同治元年（1862）八月二十一日（辛未）勝保奏，見〔清〕奕訢等編修《欽定平定陝甘新疆回匪方略》卷一九。

〔註234〕馬長壽主編：《同治年間陝西回民起義歷史調查記錄》，西安：陝西人民出版社，1993年，第201頁。

　　實際上，自明清以來，西北地區因處於邊疆戰略前沿，具有軍事用途的馬匹受到國家管控。區域內部以回民爲主的馬販眾多，主要原因是民間以趕車運輸爲生者較眾，因而對馬匹有較強的需求。同治以前，臨潼縣渭河以北回民主要分佈在八里坤和雨金回民十三村一帶，其中八里坤是一個回村，「原有回回一百多家，善種地，收成不壞，也有往南山販鹽者，有和漢人一起趕車者，回漢關係還好。」〔註235〕可見，當年以趕馬車爲生者，回、漢皆有。但其中回民人數可能比較多，佔有更重要的地位。清代西北民間稱趕馬車的人爲「馬客」，同治戰時鳳翔回民著名首領崔偉就是馬客出身。崔三是鳳翔府崔家凹人，「幼時家窮，到南鄉羅家村三義家做『作式』（即夥計或雇工頭）。羅三義是當時著名的販馬客，家裏牲口很多。馬是由北山販來的，崔三幫他販馬，所以常往來於北山與鳳翔之間。」〔註236〕同治西北戰爭期間，有部分陝西馬客滯留河南開封，後又有部分逃徙而來，前後合計大約三百餘戶，聚居在鵓鴿市街一帶，被稱「馬客夥」，當地漢人有民謠稱：「嫁給馬販子，吃喝一輩子」。〔註237〕由此可見，這些販運爲業的回民在經濟上是相當富裕的。淳化縣地處關中三府二州之區，戰前是回民較多的州縣之一，餵牲口趕車爲生的也很多。馬長壽當年調查時，淳化縣羅文卿講：「本縣（回民）餵牲口的石槽很大，有重至一千斤左右者，留到現在的還有。回回的車，車輪大，車上釘的鐵很堅固。他們所居的窯洞，較一般的大。牆壁很光滑，那是泥塑幾次才能成功的。」〔註238〕由此也可看出，販馬趕車在當時是比較掙錢的活計。

　　趕腳販運，除使用馬外，還有驢、騾以及駱駝等畜力。這些牲畜的體質、習性差異較大，並且同一牲畜不同品種之間的區別，也相當大。以馬爲例，清代西北常見的馬種就有蒙古馬、大通馬以及岔口驛馬等很多品種。〔註239〕這些馬大多善於駕車行走，能夠奔跑負重，民諺有「十馬九走」之

〔註235〕馬長壽主編：《同治年間陝西回民起義歷史調查記錄》，西安：陝西人民出版社，1993年，第137頁。

〔註236〕馬長壽主編：《同治年間陝西回民起義歷史調查記錄》，西安：陝西人民出版社，1993年，第352頁。

〔註237〕苗潤昌：《善義堂清眞寺的變遷》，《開封市文史資料》第10輯，1990年，第264～273頁。

〔註238〕馬長壽主編：《同治年間陝西回民起義歷史調查記錄》，西安：陝西人民出版社，1993年，第234頁。

〔註239〕王俊編著：《中國古代養殖》，北京：中國商業出版社，2015年，第95～96頁。

說。〔註240〕但是，這些馬種與西南「烏蒙馬」、「水西馬」等諸馬種相比，還是有較大差別。後者矮小體健，負重遠行，更適宜在崎嶇的山道上駄運。驢、騾與馬相比，雖然都各具優點，但缺點也大都相似。那就是耐力相對較差，對水草要求較高，比較適於內地短途販運。

相比之下，駱駝幾乎擁有一切適宜邊地長距離跋涉的條件。西北深居亞洲內陸，不但乾旱少雨，水草缺乏，而且冬季苦寒，自然條件較爲惡劣。駱駝天性抗寒耐饑，不懼風沙，尤其對水草要求很低。沙漠和半沙漠地帶生長的植物只要無毒，均可啃食。在無水的無草的荒原上，只要喂少量食鹽就可堅持數日。西北駱駝品種以河西駱駝爲代表，腿長步大，行走敏捷穩健，而且持久力強，短距離快步時速可達 15 千米，載人時亦能日行 60 千米～80千米。駱駝的駄運能力遠勝於馬、驢、騾等牲畜，一般一峰可駄重 150 公斤～200 公斤，短途可達 350 公斤，日行 30 千米～40 千米。〔註241〕因爲擁有這些獨特的優點，駱駝是西北內陸地區騎乘工具，更是長途負重載貨最主要的運輸工具。寧夏平羅縣的回族村寶豐村，在新中國成立前，販運工具有單套車和三套大馬車，長途運輸主要靠駱駝。短途運輸主要靠驢駄和牛馬車拉運。尤其秋、冬兩季最爲興盛，部分騾馬在農閒時用於駄運。〔註242〕西北地區這種傳統的運輸方式，在相當長的歷史時期內，基本就沒有什麼太大的變化。

清代西北回族商人深入蒙藏邊地，甚至遠赴域外亞洲腹地等處駄運貿易，使用的畜力主要就是駱駝。以新疆爲例，回族駝行以迪化、古城爲中心，分佈在南北疆重鎮。清末民初最盛之時，僅迪化南關的楊福正駝行，就擁有 3,000 多峰駱駝，海家、楊生瑞、馬福祥等也各有 300 峰～500 峰駱駝；吐魯番的「德生義」商號擁有 500 峰駱駝；古城的駱駝更多，20 餘家回族駝行共有 6,000 餘峰。其行走線路有上八站、下八站、大草地、小草地、南站、前營以及後營等十餘條，遍及整個北中國，並深入內陸亞洲。〔註243〕圖 9.10 是民

〔註240〕盧祖朝：《浩門馬的今昔》，《青海文史資料選輯》第 15 輯，1987 年，第 160～164 頁。

〔註241〕侯文通主編：《西北五省（區）重要地方畜禽品種資源調查與研究》，北京：中國環境出版社，2013 年，第 227 頁。

〔註242〕張建平主編：《寶豐村調查》，北京：中國經濟出版社，2014 年，第 165～166頁。

〔註243〕晚清民國，新疆回族駝隊的組織結構、所需用具、通商線路、營運貨物等內容，王平有極爲詳細研究，在此不多贅述。參見王平：《新疆回族駝運業的調

國時期固原一帶的回民駝隊，由此可以想見當年西北回族商人駝隊往來販運
的繁忙場景。

圖 9.10　民國時期固原一帶的回民駝隊

資料來源：王建平編著：《中國陝甘寧青伊斯蘭文化老照片：20 世紀 30 年代美國傳教士考察
　　　　　紀實》，上海：上海辭書出版社，2010 年，第 121 頁。

　　寧夏吳忠四大回民商號之首「天成和」最初是趕腳販運起家的，其創始
者李秀是道光年間（1821～1850）生人，光緒初年家僅騾、馬、驢各一頭，
靠與人合夥販運食鹽為生。經過數年積累，始購買 20 峰駱駝。此後除長途販
運食鹽外，還代客轉運貨物，自己也開始捎帶點日用小雜貨在吳忠本地銷售。
財富開始迅速積累，到光緒末年已擁有千餘兩銀子。遂在吳忠堡購置鋪面，
成立「天成和」商號，售賣雜貨。初創時因資金有限，主要從甘肅隴南和陝
西漢中等地進購糖、茶等貨出售。後又在天津開辦雜貨鋪，在歸綏、包頭等
地購置房產，設立莊點。民國十二年（1923）京包鐵路開通後又開始用自家
駱駝並租用商船運輸寧夏特產至包頭，裝火車運銷天津。復從天津購販日用
百貨回寧銷售，獲利極其豐厚。至民國二十年（1931）左右達到頂峰，與寧
夏八大商號並駕齊驅。〔註 244〕

查與研究》，《回族研究》2006 年第 3 期。
〔註 244〕李鳳藻：《天成和商號》，《寧夏文史資料》第 17 輯，銀川：寧夏人民出版社，
　　　　　1987 年，第 125～131 頁。

　　李氏父子販運起家，販運距離由短途變長途，使用牲畜由馬驢換駱駝，經營方式從趕腳，一變爲行商，再變爲坐商。在這一過程中，經營規模不斷擴大，商業資本日漸積累，最終成爲巨賈之家。李氏父子之所以能夠成功，與其兩代人艱苦創業守業有關，也與自運自銷的經營模式分不開。「天成和」自己飼養駱駝，最多時有 200 餘峰，自己運輸貨物，資金不經過匯兌中間機構，全由運貨調劑，輸出土特產購進日用雜貨均能獲利。除此之外，更離不開民國西北回族軍閥集團崛起的政治大環境。1917 年，西北回族軍閥馬福祥的「蒙回教育勸導所」委員到吳貴堡募捐回民小學，李氏出資一千兩百銀，以渠南清眞大寺爲校址，籌建吳忠堡第一所清眞小學。〔註245〕由此得到馬福祥賞識。20 世紀 20 年代中期，甘肅廢止長期以來洋商特許的內地免稅和子口半稅制，洋行撤莊返回天津，這給包括回商在內的西北地方商人提供了絕佳的發展的契機。縱觀「天成和」在晚清民國的發展歷史，幾乎就是西北回族商人和回族商業發展的一個縮影。

　　總而言之，清代西北回民是整個中國西北趕腳販運的主力，這一行當相當於現代的物流業，就是受人雇傭幫人運送貨物。這其中有相當部分腳夫在運貨過程中也捎帶部分自己的貨物，異地交易以獲利；另一方面，部分財力較弱的小商人往往自購、自運、自銷，以節約成本。因此，所謂販運，實際上「販」和「運」常常混在一起，兩者兼營。趕腳販運是整個社會經濟大系統中的主動脈，負責把社會生產各個部分聯結成爲一個有機的整體。儘管有如此重要的作用，但這樣一個行業在整個社會經濟之中的地位卻不高。一般實力雄厚的商人都是坐商，即坐地開鋪面經營，長途販運的行商則多是資金薄弱者，而專爲坐商駄運貨物的腳夫更是處在商貿鏈條的最下層。清代西北地區整個商業貿易幾乎盡由山陝商人把持，在此情況下，以趕腳販運形式參與其間的回族商人和腳夫，也大多處於商人階層中比較靠下的位置。

四、清代西北回族以黃河爲軸線的水路筏運業

　　從廣意的貨物運輸行業來看，趕腳販運行業的運輸方式，並不僅僅局限於陸路牲畜大車，還有水路行船。西北地區地域遼闊，高山融雪形式的河流眾多，但因深居內陸，乾旱少雨，地表徑流較少，眞正具有航運價值的河流並不多。這其中，黃河及其三條主要支流湟水、洮河、渭水以及長江水系中

〔註245〕李品三：《天成和商號》，見寧夏區政協文史資料委員會編《寧夏老字號》，銀
　　　　川：寧夏人民出版社，1997 年，第 32～53 頁。

漢水支流丹江的航運價值最大。黃河從區域西南部的西寧府貴德廳一帶進入
甘肅境後，一路蜿蜒東北，流經循化、永靖、皐蘭，先後匯入洮河、湟水兩
大支流，復東北流經靖遠、中衛，至寧夏府平羅東北出甘肅境入蒙古界。「幾」
字形大拐彎後，經包頭、薩拉齊以及托克托等處，復南下入山陝大峽，至潼
關匯渭水折而東流，離開陝西。其中，永靖以下直至山陝峽谷以上河段，均
有通航的條件。尤其自蘭州至包頭一段，水路約有 1,200 千米，是黃河航運最
長的一段，也是有名的黃金航道。

　　相對於陸路運輸，水路運輸成本極低，尤其在運輸糧食、棉花、木材等
附加值較低且對運輸時間要求不高的大宗貨物時，更具優勢。20 世紀 20 年代
的 10 年統計數據顯示，天津地區運輸棉花的三種最主要方式是民船、鐵路和
大車，三者運量占比分別是：56.5%、40.5%和 3.0%，水陸運輸量超過鐵路、
大車兩種陸路運輸量總和。〔註 246〕從這一統計數據來看，在傳統交通條件
下，凡有水運之利的地區，水路運輸往往佔有絕對重要的地位。清代西北地
區沒有鐵路運輸條件，水路運輸所佔比例應該還要更高一些。西北所產羊
毛、皮貨及其他大宗物品，在各處彙集之後，一般都沿河而下到達內蒙古磴
口、包頭等處，然後棄筏上岸，再用駱駝轉運天津等處。在清代，尤其是晚
清及民國時期，這條以黃河干支流為骨架的水陸聯運商路，是西北貨物輸往
東部沿海地區的主要通道。

　　黃河幹流及其在西北地區的三大支流所經之處，如河湟谷地、蘭鞏腹
地、寧夏平原以及關中平原等，同治以前幾乎盡為回民聚居之區。而水陸運
輸之利，亦幾乎盡為回民所有，漢人少有參與者。文獻中有關清代西北回民
行船轉輸的相關內容，記載較少。但根據現有的零星史料，也可以窺視其部
分端倪。同治西北戰爭爆發後，為防止戰火波及鄰近省區，清軍在山陝、甘
蒙等沿河區域進行層層佈防，嚴格管控船隻，防止回民外逃，但實際防守效
果卻極為有限。同治八年（1869）三月，回民大批人馬從磴口一帶乘船順流
而下，在麻呢圖登岸，駐紮河東土城一帶。〔註 247〕同年五月，回軍又在石嘴
子一帶坐船順流東下，到達纏金河口一帶。〔註 248〕除了乘船，戰時回民坐木

〔註 246〕 華北農產研究改進社編，方顯廷主編：《天津棉花運銷概況》，天津：天津南
　　　　　開大學經濟研究所，1934 年，第 10 頁。
〔註 247〕 同治八年（1869）三月二十日（壬戌）定安、桂成奏：見〔清〕奕訢等編修
　　　　　《欽定平定陝甘新疆回匪方略》卷一九三。
〔註 248〕 同同治八年（1869）五月十三日（甲申）定安、桂成奏，見〔清〕奕訢等編

筏成功渡河者，爲數亦不少。比如，同治六年（1867）八月間，禹得彥所部回軍兵至朝邑黃河岸邊，曾意圖「搬運木植赴夏陽一帶樹棚做巢，即爲結筏渡河計。」〔註249〕同治九年（1870）三月，崔三帶領張家川回軍數千人進入陝西，一路敗退至高陵、渭南兩縣渭河北岸，遂臨時編紮木筏，最後成功渡過渭水。〔註250〕相對於渡船，木筏的結構比較簡單，捆紮方便，更易於短時間內大量製造。但駕駛木筏遠較行船困難，倉促中回民能順利紮筏渡河，顯然有不少人精通此道。諸如此類渡河事件還有很多，回民均未遇到清軍實質性的攔阻。究其原因，主要是沿河回民指船爲生者人數眾多，既有運載工具，又有駕駛技術，清軍防堵極爲困難。這一點，從地方督撫奏摺中可以找到佐證，如寧夏將軍慶昀在同治元年（1862）五月二十一日的奏摺中就稱：「臣訪聞口外，黃河船戶多係回民，安分者少，頻年以來屢有糾眾搶劫事情。」〔註251〕寧夏黃河北出石嘴子即入蒙地磴口、臨河等處。這些地方的回民，最初有從甘肅寧夏平羅、銀川等處來往跑河路做生意的，也有從包頭等地來倒販牛羊生畜皮毛的。特別是由寧夏一帶前來跑河路的船戶，大多是回族。〔註252〕

　　清代西北水路運輸，真正行船者較少，所依賴者實際上大多是皮筏。究其原因，除了船隻結構複雜，製造和使用成本較高之外，主要是西北水道大多航運條件較差，如黃河干流雖然自寧靖以下即有航運之利，湟、洮兩條較大支流的下游河段，也均有通航條件。但實際上，「所謂航運僅係皮筏、木筏由上而下，並無船舶上下通行。」〔註253〕直到過了蘭州以後，黃河航運價值才逐漸增大起來。但其間又是灘峽相連，礁石密佈，行航仍非易事。尤其蘭

　　　　修《欽定平定陝甘新疆回匪方略》卷一九五。
〔註249〕同治六年（1867）八月初四日（甲申）左宗棠、庫克吉泰、喬松年、劉典奏，見〔清〕奕訢等編修《欽定平定陝甘新疆回匪方略》卷一五九。
〔註250〕同治九年（1870）三月二十九日（乙未）左宗棠、蔣志章奏，見〔清〕奕訢等編修《欽定平定陝甘新疆回匪方略》卷二一六。
〔註251〕同治元年（1862）五月二十一日（丙寅）寧夏將軍慶昀奏，見〔清〕奕訢等編修《欽定平定陝甘新疆回匪方略》卷四四。
〔註252〕楊連生、張鎮九、武全體：《臨河伊斯蘭教發展史話》，《臨河文史資料選輯》第4輯，1988年，第84～94頁；馬元儀：《回民在寧夏省磴口縣》，《阿拉善盟史志資料選編》第1輯，1986年，第151～152頁；王野蘋、朱章萱：《磴口的舊話》，《寧夏文史》第4輯，1989年，第15～216頁。
〔註253〕黃河治本研究團編，張含英等著：《黃河上中游考察報告》，南京：國民政府水利委員會，1947年，第65頁。

州城至寧夏府城北石嘴子之間 640 千米的河段，〔註254〕先後有桑園峽、小峽、大峽、烏金峽、紅山峽以及黑山峽等險要之處，均是極其危險的航道，對航行安全造成嚴重威脅。比如，小峽南岸有一處紅砂石岩穴，中有條石突出，酷似張口之狼舌，故名「狼舌頭」。筏戶入峽以狼舌爲天然水標記視之。如黃河水漲湮沒狼舌，則證明水勢兇險，易出事故。因此有「狼舌舔上水，筏客子遇見了鬼」之諺。〔註255〕木船船體較重，吃水過深，速度較慢，操縱不便。因此，在黃河干支流通行大多比較困難，部分河段甚至根本無法行船。與之相比，皮筏不但梱紮方便，製作簡單，而且重量較輕，吃水較淺，速度較快，載重量還大，極適於在西北航行載運。因此，清代西北地區水路運載工具主要以皮筏爲主。

　　皮胎有一定彈性，可承受一定撞擊，少量皮胎破損亦不至完全沉沒。但皮筏平底且自身重量較輕，完全浮於水上，載貨重心較高，穿行黃河峽澗之間，稍有不慎就有傾覆的可能。西北人有記牛皮筏詩稱：「黃河不放槎，險坐牛皮筏。奪命中衛行，終生怕見峽。」〔註256〕又有記羊皮筏詩稱：「顚簸羊皮筏，長波一葉漂。渡河如見鬼，無奈少津橋。幸有老把式，浮沉一手搖。浪高何所懼，千載水中驕。」〔註257〕由此可見，對當地人來講，乘坐皮筏是一件比較危險的事情，載運貨物同樣如此。故筏戶在運送羊毛、糧食等貨時，一般會在皮胎內塞填貨物。在運送其他貨物時亦會在皮胎裏填塞麥草，以降低重心，增加穩定性。因此，民諺有「羊馱糧，不傷糧」之說。〔註258〕總之，西北行筏販運風險很大，求財如同刀頭舔血、火中取粟，營生極爲不易。漢族筏戶王信臣對此有切身的體會，他稱：「在蘭包間河道中，由於要經過多處水勢洶湧、山崖峻峭的山谷，因而人們提起黃河中的險地，常有『談虎色變』之感。其中最有名的是：皮筏由蘭州航行二十里即入小峽，行六十里轉進大

〔註254〕各類文獻中記載的蘭州至包頭間里程數，大多不同。本文所用千米數，是筆者根據中國歷史地理信息系統（CHGIS）V4 版 1820 河道數據測量而得，特此說明。

〔註255〕遠賓：《黃河皮筏記》，《銀川文史資料》第 13 輯，2004 年，第 160～162 頁。

〔註256〕張民：《憶牛皮筏》，見張民著《黃河風情與奇石》，蘭州：甘肅人民美術出版社，2001 年，第 63 頁。

〔註257〕張民：《羊皮筏》，見張民著《黃河風情與奇石》，蘭州：甘肅人民美術出版社，2001 年，第 35 頁。

〔註258〕縣志編纂委會編，周少卿總纂：《河曲縣志》，太原：山西人民出版社，1989 年，第 266 頁。

峽。大峽是筏運過程中第一道危險關。峽內有『煮人鍋』、『大照壁』、『月亮石』等處，因山峽過窄，水流湍急，如掌槳的水手技術不高，皮筏不是被『煮人鍋』的大漩渦漩沉，就是被『大照壁』的懸崖或『月亮石』礁石碰翻。出了大峽，經過蔣家灣的『野虎橋』、『大浪』兩險地後，即到靖遠縣城。過了靖遠的黃沙灣即入紅山峽，這個峽谷中的險地有『洋人擺手』（又名歪脖子灘）和『一窩豬』兩處。再過景泰縣境又入黑山峽，峽內的『五雷漩』、『老倆口』、『三弟兄』、『七姊妹』等處也是有名的險地。」〔註259〕

　　按皮胎材質，皮筏有牛皮和羊皮兩種，其製作方法基本相同，都是將處理之後的完整皮胎，緊束頭尾四肢，充氣膨脹形成袋狀。然後用數量不等的皮胎編成平面長方形，綁縛在木架上，即形成筏子，上面可以載貨搭客。皮筏的體積差別很大，用途也各不相同。大的皮筏有一百數十個牛皮胎，長度可達20多米，寬度也有七八米，需多人多槳方可駕駛。這種大皮筏載重量很高，可以裝運數十噸貨物，晚清及民國年間，往來於蘭州和包頭之間的長途販運，一般都使用此類皮筏。見圖9.11。

圖 9.11　民國時期黃河上的大羊皮排筏

資料來源：一氏義良編：《最新北中國寫真帖》，東京：東京市綜合美術印刷社，1938 年，照片由復旦大學獎如森教授翻拍。

〔註259〕王信臣：《中華人民共和國成立前甘肅的皮筏運輸業》，《甘肅文史資料選輯》第 3 輯，蘭州：甘肅人民出版社，1987 年，第 167～177 頁。

但大筏價值也很高。比如，一個 120 牛皮胎的大筏就值現洋 1,500 多塊。當時一頭上好的駱駝，大概值現洋 200 塊。〔註 260〕以此估算，一個大牛皮筏的價值大概相當於七八隻好駱駝，這在當時是一筆極大的費用。

甘肅地處高原，深居內陸，道路崎嶇，民間所需日用貨物本地多不出產，基本上全由外省販運。而所產者如皮張、羊毛、棉煙等大宗物品遠又超本地所需，需要大量輸出。貨物往來流通只能依靠皮筏、駱駝、車馬等。因此，腳價運費極昂。以高幫木船為例，上水（逆流）由包頭到寧夏城，每擔（240斤）約需銀一兩七八，至甘肅境內的五方寺約需銀三兩五六；下水由寧夏城至包頭每擔約需銀一兩。〔註 261〕相對木船，皮筏可以行走更為危險的蘭州靖遠段峽谷，運費肯定要遠高於木船。河州是西北重要的羊毛集散地，民國初，每年輸出的羊毛多至 70 餘萬公斤。這些羊毛全部由河州駄運至永靖縣的孫家嘴裝筏起運，順黃河直達包頭，再陸運至天津出口。河州筏戶中僅河州同興店一家，往來黃河行筏運貨，「每年組大筏 10 個，小筏 5 個，得運費 5 萬兩，除去成本、雜費，年淨收入 2 萬兩左右。」〔註 262〕按小筏造價為大筏一半，以最貴的牛皮筏計算，10 個大筏加 5 個小筏的總費用不過 1.9 萬塊現洋，如果按七成折算為白銀，〔註 263〕總計也就 1.3 萬兩。當年不僅可收回成本，還有超過 50% 的純收益。20 世紀 30 年代以後，更為輕便的羊皮筏逐漸取代牛皮筏成為黃河筏運的主力，與大牛皮筏相似的大羊皮筏，僅需要 600 多塊現洋。以此筏運，當年即有 300% 的純收益，這簡直就是一個暴利行業。

民國九年（1920）後，同興店自購自運羊毛，不過數年，其東家王圭璋就成為河州首富。民國十五、六年間，羊毛生意最為紅火，由此帶動了蘭州回族皮筏運輸業的興旺。民國十五年（1926），皋蘭縣政府指派回民馬德福為筏業的行頭，負責管理蘭州地區的筏戶，這是黃河上出現的第一個官方筏戶管理組織。至民國十七年（1928）前後，蘭州地區的長途筏戶約有 50 多家，

〔註 260〕博爾濟吉特・達遜：《從旅蒙商祥泰隆的興衰哈看阿拉善旗的社會經濟變化》，《內蒙古文史資料》第 39 輯，1990 年，第 173～183 頁。

〔註 261〕綏遠省政府編：《綏遠概況》（上冊），歸綏：綏遠省政府，1933 年，第 46 頁。

〔註 262〕楊詠中主編：《甘肅交通史話》，蘭州：甘肅文化出版社，2008 年，第 211 頁。

〔註 263〕晚清以後，銀元漸為流通貨幣，但因種類繁多，形式各異，成色亦不同，折算頗為複雜（彭凱翔：《從交易到市場：傳統中國民間經濟脈絡試探》，杭州：浙江大學出版社，2015 年，第 199～201 頁）。按山西民國初年通用銀元情形，大致每銀元一塊可以折白銀 7 錢左右，詳請參見孫祥毅著《民國山西金融史》，北京：中國金融出版社，1998 年，第 12 頁。

其中漢族筏戶只有王信臣 1 家，其他全部是回民筏戶。暴利吸引之下，很快有更多漢族民間資本湧入這一行業，根據王信臣的說法，1930 年以後，參加蘭州包頭運輸的筏戶共有蘭州、條城（榆中青城）、靖遠三幫，其中條城、靖遠兩幫皆是漢民。「靖遠幫有十餘戶，共有載重十五噸的羊皮筏十四五隻；條城幫有十四五戶，共有載重三十噸的羊皮筏七八隻；蘭州幫最大，共有三十多戶，有載重三十噸的皮筏三十多隻。」〔註 264〕三幫之中，雖然回族力量仍然最強，但 20 世紀 30 年代後，漢族筏戶在黃河長途筏運中，也幾乎佔據了半壁之利。只不過，真正行筏的工人，仍然以回民為主。范長江當年曾乘牛皮筏自蘭州直下包頭，他對親身所見所聞有極為詳細的記述：

> 操縱皮筏之苦力，十九為甘肅河州（臨夏縣）之回民，亦有西寧方面者。他們身體堅強結實，因為宗教教條的訓練，他們養成了幾種非常有益於身體的生活習慣，如早起，勤於沐浴，遵守時間，不吃死後的生物等，特別是不吃鴉片，關係於他們的體格方面，非常重大……記者所乘之皮筏，乃由一百二十個牛皮袋所組成，平穩寬舒，坐臥讀書，皆甚相宜。筏上共有水手六人，分掌先後各三槳，水手名把式，中有一人為首領，名為拿事。前三槳關係重大，故以頭等把式司之，拿事對各把式不但有指揮之全權，而且有保護之責任，因一個筏上之水手，大半與其首領有宗族及鄉里等關係，離家時所帶出之人丁，必須於返家時交還其原來之家庭。首領對於筏上之安全亦負完全責任，必須能領導皮筏免去水上一切的危險，故為首領者必須久走黃河，深習水性，而且為機警果斷之人，始能勝任。蘭州以下黃河，在離城六七十里以後，有長六十里的大峽，險水最多，故普通水手不易通過，於是應運而產生一種專門駕馭大峽一段險水為職業的水手，名峽把式。峽把式皆係特別精通水性，熟悉水紋的老手，他們能領導皮筏，安然通過幾個非常危險的地方。過了危險地帶以後，他們又離開皮筏，回到蘭州，作下一批皮筏的保險者。〔註 265〕

從這段記述來看，這種具有強烈族群特徵的民間共識，應該是當時該行

〔註 264〕王信臣：《中華人民共和國成立前甘肅的皮筏運輸業》，《甘肅文史資料選輯》第 3 輯，蘭州：甘肅人民出版社，1987 年，第 167～177 頁。

〔註 265〕范長江：《中國的西北角》，上海：大公報出版部，1937 年，第 167～168 頁。

業從業人員多為回民的眞實反映。在黃河上行筏販運是一個危險行業，從業者除了需要具有強健的體魄和足夠的膽識外，還需要有精湛的駕駛技術、駕駛經驗和團隊協作精神。而「峽把式」的出現更說明這一工作的危險性、技術性和專業性。所有這些後天的經驗和技術，大都來自於家族式的傳承和累積，外人一般很難參與其間。王信臣稱：「不論長途或是短途水手，絕大多數是回民，他們都是幾代祖傳的善測風雲，有與驚濤駭浪作鬥爭經驗的專搞此項業務的工人。」〔註266〕相對於漢民，回族人有駕駛皮筏的傳統，在這一行當裏自然佔有優勢；另一方面，編製皮筏需要大量的牛羊皮胎，而製作皮胎和維護皮胎也是一個極為專業的工作。從這一方面來看，自清以來回民從事皮筏販運行當，也是以牛羊為特色的回族經濟中很自然的一個分支。

小的皮筏僅用數個羊皮胎，一個人一支槳即可操縱，價錢也較低，僅數塊現洋即可。〔註267〕一般用於短途運送瓜果茶蔬以及渡送沿河兩岸來往行人。在沿河各縣的渡口，一般都有駕駛這種小皮筏轉渡行人為業者。〔註268〕而操此業者，亦多為回民。秦家灘是渭南著名回村，當年火燒秦家灘事件是同治西北戰爭爆發的直接導火索之一，該村回民傍渭河而居，以務農和撐船為業。附近的藍大莊回民當船戶者也很多。〔註269〕見圖9.12。

這種情況當然不僅限於渭河沿線，甘肅境內亦如此。洮河是甘肅境內黃河最重要的支流之一，俗語有「天下黃河富寧夏，洮河富臨洮」之語。臨洮即清之狄道州地，為甘肅省西南重鎮，由此可通達四川廣源、江油、松潘以及青海西寧等處，沿洮古渡口有16處。〔註270〕20世紀30年代《大公報》記者范長江在西北考察曾途經洮河渡口，他稱：「渡口為回民所主持。對於漢官恭維畢至，隨到隨開船，對回民同胞亦關照周切，取價廉而過渡快。獨對於漢民留攔拖延，敲索重價。漢民過此者，非候兩三小時不能過，而且每人帶

〔註266〕王信臣《中華人民共和國成立前甘肅的皮筏運輸業》，《甘肅文史資料選輯》第3輯，蘭州：甘肅人民出版社，1987年，第167～177頁。

〔註267〕縣志編纂委員會編，周少卿總纂：《河曲縣志》，太原：山西人民出版社，1989年，第266頁。

〔註268〕王信臣：《中華人民共和國成立前甘肅的皮筏運輸業》，《甘肅文史資料選輯》第3輯，蘭州：甘肅人民出版社，1987年，第167～177頁。

〔註269〕馬長壽主編：《同治年間陝西回民起義歷史調查記錄》，西安：陝西人民出版社，1993年，第456頁。

〔註270〕田生成：《洮河運輸今昔掠影》，《臨洮文史資料》第3輯，2002年，第104～105頁。

圖 9.12　蘭州一帶黃河上典型的 2 人～3 人小羊皮筏

資料來源：王建平編著：《中國內地和邊疆伊斯蘭文化老照片》，上海：上海辭書出版社，2012
　　　　年，第 143 頁。

牲口過江，須出渡資四五角之多。記者所過全國渡口已不在少數，未見有如
此之不合理者。」〔註271〕撐船擺渡本來只是小本生意，回民以此爲業當然是
爲了掙錢養家糊口。歷來經營講求和氣生財，而洮河回民船戶對渡河漢民敢
如此留攔拖延，說明上下游各渡口槪已盡爲其所掌控，漢民渡河根本沒有選
擇的餘地，只能受其重價敲索。而回民船戶對待漢官、漢民和回民的不同態
度，則是當地社會回、漢力量和彼此關係的一個縮影。入清以來，自臨洮往
西至河州、循化以及西寧府屬各處地方，回族人口原本就極衆。同治戰後，
西北其他回民聚居區均受重創，關中平原、河西走廊回民幾盡絕跡，唯獨甘
南回民所受影響極小。尤其是以河州馬占鰲等人爲首的伊斯蘭宗教精英階層
不但沒有受到戰爭衝擊，戰後反而成了官府的代言人，在宗教特權之外又獲
取了較多的世俗權力。河州逐漸有「小麥加」之稱，而甘南也成爲整個西北
地區的回民中心。進入民國後，西北回民軍閥集團迅速崛起，在整個西北的

〔註271〕范長江：《中國的西北角》，上海：大公報出版部，1937 年，第 56 頁。

社會政治經濟活動中獲得了極高的地位和話語權，原本作爲漢地社會主體人口的漢民，在當地反而成了生活在伊斯蘭社會邊緣的弱勢群體。這種社會政治環境的巨變，對雙方經濟活動產生了重大影響。入民國後，西北漢族商人力量衰落與回族商人的崛起，形成了鮮明的對比。

第五節　本章小結

本章從人口史的角度對清代西北回族經濟進行了簡單的回顧，不少問題在研究時段上延及民國。這一工作是在傳統回族經濟史和近代西北經濟史研究的基礎上展開的。雖然與既有研究相比，筆者的工作仍然相當膚淺，但是在部分問題研究上，也稍有所突破。主要表現在以下幾點：

其一，對於他者與自我印象中重商民族的實質，筆者從清代回族農業與非農業人口結構這一人口史視角進行了分析，認爲：部分學者主張「農牧兼營、農商並重」的回族經濟活動特色和綠洲耕牧經濟提法，值得商榷。清代西北回族中可能有 95%左右的人口都從事農業生產，農業是清代西北回族經濟的主體，也是絕大多數回族人口賴以生存的根本，這是清代西北回族經濟史研究的基本框架。離開這一點奢談清代西北回族經濟問題，既不符合歷史事實，也對眞正的回族經濟史研究沒有任何幫助；

其二，筆者對清代西北回族農業中的部分問題進行了較爲系統的分析。比如，回族人口聚居區的土地短缺與交易、農牧業生產中的牲畜與肥料問題、以糧爲主大背景下的經濟作物種植以及晚清西北罌粟經濟中的回族群體性特徵問題等。回族農業問題，總體研究較爲薄弱。本章關注的這些問題，前者或缺乏研究，或側重點不同。因此，筆者用力較多，希望可以爲傳統回族經濟史的研究提供一些基本素材或者幫助；

其三，清代西北回族非農經濟問題，是學界的熱點和重點，相關研究成果極多，不少研究都極爲深入，本章所關注的問題較多綜合了前人的研究。但在以牛羊爲核心的回族特色非農經濟框架中，討論的部分問題。比如，牛羊屠宰背後的經濟因素、趕腳販運業興衰的社會背景、皮筏販運業的成本與產出等，與既有研究相比，均有一定突破和創新。

清以來的西北回族經濟發展，總體上可以分爲三個階段，即：同治西北戰爭以前、戰爭以後及民國。整個清代，西北回族經濟的邊緣化特色極爲顯著，這與清代西北回回族群在漢地主體人口中的社會地位是一致的。尤其是

戰爭之後，西北回族人口遭到重創，社會地位嚴重弱化，經濟亦跌入谷底。
但入民國後，隨著西北回族軍閥集團的崛起，回族經濟在整個西北經濟中的
地位亦迅速上升，獲得了極大的提高。西北回族經濟發展脈絡，最好地詮釋
了不同歷史語境下的政治權力對於一個族群經濟的深刻影響。

餘論：熟悉與陌生之間

　　當看到本書問題與內容大都按照中國人口史的經典範式層層展開時，讀者可能會想像這一研究只不過是又一個區域斷代人口史的專題樣本而已，大概不會有什麼突破。實際上，即使僅僅只達到這樣一個小目標，也未嘗不可。因為，清代西北回族人口本身就是中國人口史的重要組成部分，同時，更是回族史的核心內容之一。自民初以來，雖然有關回族歷史的論著層出不窮，很多研究也都具有極高的學術水準。但是，有關回族歷史人口的不少最基本問題，比如，人口數量、管理制度、空間分佈以及人口遷移等，都模糊不清，歧義叢生。因此，哪怕是亦步亦趨地蜷縮在傳統人口史的窠臼之中，只要能夠解決這些基本問題，不論對中國人口史還是中國回族史的研究來講，也都具有一定的研究價值和學術意義。本書在第二、三、四、五、六等章中，對清代涉回法律條文與西北回族人口管理制度、婚姻制度中的族外婚向族內婚轉變、人口峰值谷底規模及其變動以及特定空間尺度下的人口空間分佈和人口流動遷移等人口史研究的基本問題〔註1〕進行了較為系統的探討。

　　筆者對這些問題的研究，大都爭取在前人工作基礎之上能夠有所推進，哪怕只是一小步，如在人口規模方面，筆者匯總了各類觀點，分析了其產生的社會背景，認為這些既有觀點大都不正確。實際上，從人口占比來講，清

〔註 1〕葛劍雄主編多卷本《中國人口史》和《中國移民史》是中國人口史研究的奠基之作。根據這些典範的著作，中國人口史的主要內容由六大部分組成，分別是：人口數量、人口再生產（包括家庭、婚姻、出生與死亡等）、人口流動和遷移、人口結構（包括自然結構、社會結構和地域結構等）、人口分佈以及人口理論、人口思想和人口政策等。

代西北回民的峰值人口占比不足總人口的 1 / 4，遠低於此前學界廣泛流行的觀點；但如從人口數量來講，其人口絕對數量有 750 萬左右，又遠高於原有的估計和猜測。誇大的回族人口占比與同治西北戰爭有關，而嚴重低估的絕對數量則與官方人口統計數據低於實際人口數有一定關係；在婚姻制度方面，筆者梳理了歷史上回回人婚姻形式，分析了婚姻制度從族外婚向族內婚轉變的社會背景，明確了這種轉變發生的時間，發生的動因以及這種轉變在人口空間分佈上地反映；而在特定空間尺度下的人口分佈與遷移方面，爲了能夠向讀者更爲完整全面地展現同治年間西北戰爭這一滄桑巨變前後區域回族人口變動的全貌，筆者使用了較多的篇幅。提出了戰前西北回民成片帶狀分佈狀態、「大分散、大集中」的地理分佈格局以及流沙式、蛙跳式等多種不同的人口遷移模式。除此之外，還有個別問題則是前人從未眞正關注者，其中最重要的就是清代回族人口管理制度。此前學界普遍認爲，清代回民與漢人在官方戶籍管理層面上並無不同。但是，清代回、漢在法律層面上是概念完全不同的人們的群體，同一案件同一案由，回、漢適用不同的法律條文，懲罰的力度存在較爲明顯的差異。在司法實踐中爲了保證涉回法律正確施用，一定有制度層面的設計，而戶籍制度是唯一具有可操作性的制度基礎。基於這一邏輯判斷，筆者認爲清代戶籍管理中存在專門的回民戶籍。進而，筆者分析了回民戶籍制定的時間、組織管理框架、登記的載體以及戶籍信息遺失的原因等問題。在青海檔案館發現的清代檔案證明筆者這一判斷是正確的。

　　清代西北回族人口是中國人口史的重要內容，同時，更是回族史的有機組成部分。人口是一切社會活動的主體，從最廣泛的意義上來講，所有與人口有關的要素，不論政治、經濟還是文化等，均是人口史的研究內容。實際上，在當今民族史學領域運用多學科整合方法進行交叉研究已成爲必然趨勢的情況下，人口史視角的回族史研究，可以爲回族史研究增加一種不同的敘事模式。基於此，在傳統人口史研究範式之外，筆者對清代西北回、漢關係中衝突與融合的正反面、武裝化與組織化、人口變動背景下官方對歷史的書寫、國家強權對群體歷史記憶的形塑、民間選擇性遺忘下歷史書寫的不同版本、進士這一小概率事件背後反映的社會因素以及政治話語權支配的經濟生活等問題，進行了深入地分析和解讀。儘管這樣做的目的，仍然只是力圖通過不同的角度和側面來豐富清代西北回族人口研究的內涵。但是，這種多維

度的觀察視角也可以爲深化和拓展既有研究成果提供潛在的可能。所有這些努力和嘗試，在本書的第一、七、八、九等章中，都有所體現。

在概略回顧了本書的基本框架、基本內容、重點問題和那些在前人工作基礎上往前邁進的一小步後，筆者需要特別指出：人口史視角的清代西北回族研究與民族學、人類學、宗教學以及文學等其他視角的回族史研究一樣，其最終目的仍然是要回歸到回族史研究的核心問題上，那就是在中國被稱爲「回回」的這樣一個穆斯林群體，他們在漢地社會主體人口與主流文化之中，曾經是一種怎樣的歷史存在？

一、土著化背後的排他性

自唐宋以來，西來的回回先民進入中國，娶漢地社會的婦女爲妻，逐漸落地生根，開枝散葉，最終在明代中晚期逐步完成了民族的認同。這一過程可以看作是回回人不斷繁衍積聚，人口數量最終達到一定規模的過程。同時，也可以看作是不斷增長的回回人，不論在地理空間，還是社會空間中，都不斷滲透並逐漸主動或被動融入漢地社會之中的過程。在這樣一個漫長的發展過程中，漢地的主體人口與回回人之間頻繁而複雜的互動關係，集中表現爲後者不斷的土著化與本地化。而漢地主體的儒家文化與回回人信守的伊斯蘭文化之間的相互關係也集中體現爲後者不斷地自我調整、退縮與適應，最終成功把伊斯蘭的內核包裹在儒家的外殼之中。

明代是回回人口規模開始顯現，族群認同逐步形成的重要時期。同時，也是回回人土著化趨勢不斷加強的重要時期。這種漸進式土著化最顯著的特徵之一就是漢式姓氏的普遍化。洪武九年（1376），淮安府海州儒學正曾秉正奏稱：「臣見近來蒙古、色目人多改爲漢姓，與華人無異；有求仕入官者，有登顯要者，有爲富商大賈者。古人曰『非我族類，其心必異』。安得無隱伏之邪心，懷腹誹之怨諮。宜令複姓，絕其番語，庶得辨認，斟量處置。其典兵及居近列之人，許其退避。」〔註2〕此奏得到洪武帝的嘉許，曾秉正因此被召赴京師擢爲思文監丞。從曾秉正的奏言與洪武帝的回應來看，明初回回人改用漢姓的情況已非常多，而漢地官員與朝廷對此相當警覺，多持反對態度。從中多少可以窺視出漢地官員士紳等精英階層對包括回回人在內的異族人的那種強烈的不信任感與普遍成見，甚至是敵視。明中以後的官私文獻中陸續

〔註2〕〔明〕官修：《明太祖實錄》卷一○九，「洪武九年閏九月丙午」條。

出現了「回」字左邊添加「犬」旁的「污稱」，[註 3] 在顧炎武等人的文集之中更能直觀地感受到漢地精英階層對於回人的極度厭惡與嫌棄之情。當精英階層對待回民的這種態度漫延至普通民眾，從官方傳導至民間後，整個漢地社會主體人口與主流文化，對於回回人的偏見與傲慢就開始形成了。

實際上，所有這些偏見與傲慢背後隱含的更現實原因可能是：回回這樣一個人們的群體在日益崛起的過程中，不斷突破原有的社會格局，蠶食分割各項社會權益，尤其是政治權益的行為，直接損害了原有精英階層的利益。這些來自於外部的壓力，恰恰是回回這樣一個族群在逐漸形成過程中必然要面對的。而且，反過來，這種外在壓力也日益增強了回回人在漢地社會中對自身特殊性和對他者意識的自覺，成為回回人群體最終完成民族認同的重要推動力。

姚大力認為，明代「回回人普遍採納漢名稱呼的背後，應當存在一種更廣泛層面上值得注意的現象，即他們在政治、經濟乃至日常生活的某些領域內，實際已經在相當程度上採用漢語作為社會溝通的語言媒介了。」[註 4] 這一分析當然是非常準確的。但實際上，在這樣一個使用漢語作為社會溝通語言媒介的表象背後，更重要的社會意義在於，回回人可以閱讀漢字書寫的傳統典籍。進而，可以更廣泛地參與到包括科舉在內的一切以漢文為載體的社會活動中來。這是回回人可以分享政治權益，最終躋身漢地主流社會的敲門磚。

很顯然，對於回回人來講，分享漢地社會現實權益的動力要遠遠勝過這一過程中必須要面對的外部壓力。以清代民間流傳的回籍服官「存擢至三品，即須出教」慣例來看，回民中應試服官、洊登顯秩者，在遵從內心信仰與宣誓效忠皇權之間，大多人至少是在表面上選擇了後者。這一點從回回人改用漢式姓氏的歷史過程中也可以窺探到些許端倪，田坂興道對此有深入研究，他指出：回教徒改用漢姓從唐代已經開始。然而在唐、宋、元的時代，這樣的例證是不多的。他們中的大多數即使在中國也依然使用原來的名字。但是，如果以上的考察幸而正中鵠的，則回教徒的改姓到明代可以說是全然普通的事情了。自明代以前就留居中國而經歷了好幾個世代的人們，在明初

[註 3] 〔日〕田坂興道：《中國回教的傳入及其弘通》，東京：東洋文庫，1964 年，下冊，第 1187～1189 頁。

[註 4] 姚大力：《「回回祖國」與回族認同的歷史變遷》，見劉東主編《中國學術》第 1 輯，北京：商務印書館，2004 年，第 90～135 頁。

都紛紛改姓。明代來歸的人們，即使最初的那一代不改姓（雖然來歸者本身即改姓的事例亦不爲少見），經歷了二世或三世後，便大都將其姓名變成中國式的了。〔註5〕

入明以來，回回人逐漸加速的土著化過程，雖然不能簡單的理解爲就是「漢化」。但在這樣一個過程中，隨著與漢地主體人口的長時期密切接觸，在回、漢區別意識自覺不斷增強的同時，回回人行爲方式的許多方面都發生了相當重要的變遷，深深地打上了被漢文化所涵化的烙印。這其中，最典型代表的就是清眞寺。早期的清眞寺。比如，元代重建的泉州清淨寺等，無論單體建築還是整體布局，都與漢地傳統建築形制有明顯區別。在空間上強調突出禮拜殿，殿內僅設朝向聖地的神龕，不置偶像。總體布局不追求軸對稱的布局，單體建築一般多用磚石料砌成拱券或穹頂，採用經文、植物與幾何圖形做裝飾。高聳的邦克樓、蔥頭狀的尖拱券門和半球形的穹窿頂，無一不彰顯了濃鬱的阿拉伯建築風格。

但明朝以後的清眞寺，建築風格則發生重大改變。以最爲典型的西安化覺巷清眞寺爲例，整個布局是個相當規整的長方形，軸線對稱四重院落：一進主體是磚雕影壁和木構牌樓、五間樓；二進主體是三間四柱式石牌坊，中楣及兩側坊楣均鑴有漢字；三進主體是敕修殿和邦克樓，前者單簷歇山朱門金釘，上懸董其昌書「敕賜禮拜寺」金字橫匾，後者爲三簷八角攢尖頂木塔；四進主體爲全寺中心禮拜大殿，單簷歇山綠琉璃頂，斗栱五踩，面寬七間，進深四間。從外觀上看，不論單體建築、總體形制還是空間布局都是徹頭徹尾的漢地傳統建築樣式，幾乎看不到任何清眞寺的痕跡。見圖 10.1。但是，一旦近距離觀察，尤其是步入禮拜大典時，濃鬱的伊斯蘭氣息又撲面而來。

清眞寺及其附屬建築是回族聚落中最具伊斯蘭文化氣氛的地理實體，更是宣示伊斯蘭教在穆斯林文化景觀中專享首要地位的物質載體，在穆斯林日常生活與精神世界中，有著不可替代的作用。明清以來，清眞寺建築風格的變化，使得這一原本散發著濃鬱異族氣息的物質載體，被嚴密包括在漢地傳統建築外殼之下。圖 10.2 所示隱身傳統中式建築之中的清眞寺就是最常用見的形態，也是最直觀的無聲詮釋。

〔註 5〕 田坂興道：《中國回教的傳入及其弘通》，東京：東洋文庫，1964 年，下冊，第 1149 頁。

圖 10.1　泉州清淨寺大門與西安化覺巷清真寺的一心亭、石坊和大殿

資料來源：照片由筆者拍攝。

圖 10.2　傳統中式建築之中的清真寺

左側清真寺位於江西九江，右側清真寺位於漢口。
資料來源：王建平：《中國內地和邊疆伊斯蘭文化老照片》，上海：上海辭書出版社，2012 年，
　　　　　第 64、79 頁。

　　除了實體的清眞寺，回回人的土著化更多的體現在文化層面。明中葉，胡登洲自陝西倡辦經堂教育。由此帶動，包括金陵的王岱輿、劉智，雲南的馬注、馬復初等諸多著名的回族伊斯蘭先哲們，開始用中國傳統的儒家思想對包括《古蘭經》在內的伊斯蘭經典進行重新的詮釋和解讀。這就是明代以來著名的「以儒詮經」運動。在這樣一個變化過程中，實際上，清眞寺及《古蘭經》眞正的伊斯蘭內核與宗教屬性一點都沒有減弱。這顯然不是伊斯蘭文化對儒家文化順應、寄生的表達，更不是部分學者認爲的「傳統帝國以國家主義價值爲取向的政治行爲作用下的必然產物。」〔註6〕而是回回人土著化過程中，民間自發的主動適應並積極融入到漢地主體社會之中的一個縮影。

　　河南作爲中國回族人口大省，回民的來源雖然複雜多樣，但是，這些多源的回民卻和華北地區的廣大漢人一樣，廣泛流傳有明初山西洪洞移民之說。這種傳說「不僅爲超越、融合不同的世系與民族提供了合理的藉口，而且也提供了一個包裝隱藏其本來身份的最理想形式。回族民間可以據此明確顯示自己的世系根源位於漢文化的中心，其中包含著回族對自己的認定以及對自己在漢文化中存在的正統性的認定。」〔註7〕由此可見，越是在漢地主體文化和主體人口占優的地區，回族人把自己置身於主流社會的意願就越強烈，行爲也越堅決。甚至，在很大程度上，連他們自己都相信，他們理所當然地就是漢地主體人口之中的一部分。

　　伊斯蘭教作爲一神論的宗教，主張眞主安拉是宇宙獨一存在的最高主宰，穆罕默德是安拉的使者。萬物非主，唯有眞主。一切多神信仰、偶像崇拜以及一切與經典不符的行爲，不論在精神層面還是世俗的社會生活中，都應該也必須被嚴格禁止。但是對於清代回回人這樣一群生活在傳統漢地社會的穆斯林來講，固守在族群內部的眞主安拉信仰，卻只被小心翼翼而又恰如其分地安置在個人和群體信仰的精神層面，與日常生活的世俗社會彼此分割又相互聯繫地雜糅在一起。那些通過科舉躋身仕途的回族官員們就是典型的例證，他們行走官場之中，時刻需要向皇帝以及其他崇拜的神或偶像進行跪拜。這一行爲顯然是嚴重違背伊斯蘭宗教法典的。爲了在這樣的違禁行爲中

〔註6〕 馬燕坤：《國家建設民間社會秩序的形塑：以滇東北魯甸回族爲例》，北京：中央編譯出版社，2013 年，第 125 頁。

〔註7〕 胡雲生：《傳承與認同：河南回族歷史變遷研究》，銀川：寧夏人民出版社，2007 年，第 104 頁。

自我救贖，他們常常用一些只有自己知曉的方式來得到些許心理上的安慰，以此來迴避和否認儀式的真實性和重要性。比如，在不得不叩頭時不讓頭與大地接觸，把寫有清真箴言的紙條放在匾額的後面，或者不直接對皇帝或匾額叩頭等。〔註8〕哈元生是清初著名的回籍將領，康熙間入伍，授把總銜，累遷至建昌路都司，史稱「揚威將軍」。據說在平定苗疆戰役的慶功宴上，因哈元生是穆斯林出身不食豬肉，高宗特地賜給他羊肉吃。〔註9〕認真思量，這一故事敘事風格其實頗有演義的成分。實際上，即使該事情為真，亦為少數個案，不具有普遍性和代表性。官場中穆斯林眾多，皇帝不可能每次宴請都會單獨賜餐。很多情況下，他們在皇帝賜宴或共同宴飲時，往往無法恪守酒肉之禁。儘管除了少數完全放棄穆斯林身份外，大部分人仍然試圖在內心之中堅守自己的信仰。但是身處權力中心進退兩難的這批回族精英們，內心經歷了怎樣的彷徨、掙扎，恐怕只有他們自己知道。但無論如何，爭取分享漢地社會現實權益的動力往往要遠遠勝過在這一過程中必須要面對的信仰層面外部壓力和內心煎熬。

實際上，在傳統漢文文獻中，回回人的形象也很少被標籤化為宗教層面主動的強迫性與排他性。世俗生活中的瑣碎細故，大都限於個體或群體間關於現實利益的糾葛。這顯然與其在漢地主體社會中所處的地位有關係，而構建這種形象的基礎則始終是一個弱小群體在信仰層面被動的退守與自封。他們對漢地社會相當熟悉，言語、服飾、文字、不涉及宗教禁忌的習俗以及思考和處理問題的行為方式，與漢民幾無二致。實際上，他們始終以一種相當謙遜、接近的態度把自己主動地融入到漢地主體社會之中，從來沒有刻意把自己異化為與漢民完全不同的人們的群體；另一方面，漢民則幾乎完全不瞭解漢地文化外殼包裹下的伊斯蘭文化的內涵，對於最表象的伊斯蘭宗教儀式與宗教禁忌，充滿了猜忌與鄙視。對於生活在自己身邊同村共井、互為鄉梓的回回人則充滿了陌生感。對漢人來講，回回人是真正熟悉的陌生人。

二、他者視野裏的清代西北回回人

回族是中國現代人口空間分佈最為廣泛的少數民族，具有「大分散、小集聚」的特點。這樣一個人們的群體在明末清初完成民族的認同之後，經歷

〔註8〕　〔日〕中田吉信著，陳健玲譯：《清代回族的一個側面》，《回族研究》1992年第1期。
〔註9〕　金吉堂：《中國回教史研究》，北平：成達師範，1935年，第93頁。

的第一個完整的，同時也是時間最長的朝代就是清朝。而西北地區因為特殊
的地理位置，是西來的中國回回先民最早的落居地，也是最主要的人口聚居
區。同治以前，這一區域集中了全國回族人口總數的四分之三左右，散佈
內部各處，幾乎無村無之，無處無之。顯然，這樣一個數量龐大，分佈廣泛
的人們的群體，並不處於所謂的地理意義上的「華夏邊緣」，而是幾乎全部集
聚在漢地社會傳統生活區域之內，與漢族這一漢地社會主體人口最為廣泛地
錯雜聚居在一起。並且在部分地方成片帶狀分佈，形成諸多優勢的人口聚居
區，「大分散」之外，「大集聚」的特徵更為顯著；但在另一方面，不同側面
的個案研究又清晰地表明，清代西北回族這樣一個穆斯林群體，的確又長期
遊走在漢族這一漢地社會主體人口和儒家文化這一漢地社會主流文化的邊
緣。在這樣一個看似悖論的歷史存在面前，討論回回人的認同意識與族群真
實內涵顯然比僅在地理空間上區分華夏與非華夏以及與其他族群間的邊緣接
觸這些表徵現象，更具研究意義。

　　明末清初，圍繞著回、漢差異而滋生發育起來的回回人民族的認同最終
得以完成。〔註10〕實際上，這種差異的核心要素是宗教信仰及其實踐。毫無
疑問，伊斯蘭宗教文化與傳統漢地儒家文化之間從根本上存在著明顯的異質
性。而這種異質性的伊斯蘭宗教文化及其社會屬性所產生的族群邊緣選擇效
應，對於形塑中國回回人的群體性歷史記憶，維繫其族群邊界，起到了重要
的作用。張中復認為「漢回」等他者表述的名稱顯示了回回群體在華夏意
念中的「邊緣華夏」屬性，對其進行分析，「仍必須從伊斯蘭在中國的適應性
特徵來作為切入主題……但若論及回族『華夏邊緣』現象中歷史記憶的形塑
功能，則必須正視現代國族主義以及國家體制在某些方面所扮演的重要角
色及其影響。」〔註11〕然而，哪怕是強調現代國家權力在回族形成中起決定
作用的學者也承認，在現代國家的各種技術的和社會的干預及能力使「民
族」得以成立之前，這些實體作為具有自覺意識的統一的團聚體已經存在了
極長的時期。〔註12〕對於西北回族人口來講，因為龐大的人口規模及其高度

〔註10〕 姚大力：《「回回祖國」與回族認同的歷史變遷》，《中國學術》第 1 輯，北京：
　　　　商務印書館，2004 年，第 90～135 頁。

〔註11〕 張中復：《我群意識的建構與解構——「華夏邊緣」論述與族群性研究》，見
　　　　丁宏主編《回族對中阿經濟交流的貢獻：第二十次全國回族學研討會論文
　　　　集》，銀川：寧夏人民出版社，2013 年，第 13～28 頁。

〔註12〕 Jonathan N. Lipman (1997). *Familiar Strangers: A History of Muslims in
　　　　Northwest China*. Seattle: University of Washington Press. Pp.215~217.

的集聚效應，族群間的邊界在一個較大空間尺度裏相當明確而且清晰。這與杜磊所稱的「相當地方化」和「缺乏充分條理化」的某種族群意識有很大不同。〔註13〕

很顯然，這種單純自我信仰層面的異質性宗教文化無法解釋，爲什麼自唐宋以來就逐漸落居漢地，擁有財富和社會地位，能夠娶漢女爲妻，不斷生子繁衍並成功參與到社會生活各個層面的回回群體，在元以後，尤其是清代，卻成爲他者視野中被忽略、被厭棄、被歧視，甚至不斷污名化的對象。筆者認爲，造成這一轉變的根本原因，有其他更爲深刻而重要的現實因素和實際利益。

入明來，在回回群體社會地位不斷下降的表象之下，是回回人在人口數量上的快速增長和在地理空間上的不斷向內地散佈。這一變化使得回回這樣一個人們的群體，與漢地主體人口之間的聯繫與接觸日益廣泛和頻繁。尤其在成化以後，隨著東西聯繫的衰退，身處漢地社會的回回人開始陷入到與域外世界幾乎完全隔絕的狀態之中。由此，回回人生活的重心不可避免地向傳統漢地社會靠攏，從而更加廣泛而深入地嵌入到漢地社會主體人口的社會生活之中來。在這樣一過程中，面對土田、貿易、科舉等各種社會資源和現實利益的被動分享，漢民對回回人的大眾性的成見也在日益增強，兩類人群之間的糾紛隨之而來，日常生活中的瑣碎細故更是不可避難。及至明朝末年，漢地精英階層對於回人的厭惡與嫌棄之情已毫無避諱。實際上，即使這種以皇權、正統、宗法等文化異質性爲主旨的訴求，其背後最眞實的原因仍然避免不了田土、考試、學額等最眞實的現實利益。這種他者以現實利益爲眞實訴求的不斷異化對形塑和維繫回回人的族群邊界同樣起到了極其重要的作用，並且實際上也是回、漢差異這一使回回人民族認同得以滋生和發育的重要表現。

現實社會如同活的生物有機體，往往牽一髮而動全身。而歷史是過去的現實，文字記載的很多看似孤立的歷史事件之間，可能存在著內在的有機聯繫。在明末清初中國回回人基本完成民族認同背後，還有一系列由此而引發的對回、漢兩個族群都產生廣泛而深遠影響的社會連鎖響應。本書各章節的個案研究，都從不同側面反映了這樣的歷史存在，這其中最爲典型的例證就

〔註13〕 Dru C. Gladney (1991). *Muslim Chinese: Ethnic Nationalism in the People's Republic*. Cambridge: Harvard University Press. Pp.96~97.

是回回人婚姻制度的轉變。自唐宋以來，西來的絕大多數回回先民，在漢地社會之所以能夠迎娶漢地婦女，自立門戶，生子繁衍，最主要的原因就是擁有雄厚的經濟基礎或較高的政治地位，這也是漢人與回民通婚的原動力。明初以來，隨著回回人口增加，並越來越多的嵌入到社會生活的各個層面，形成對現實利益的競爭與分割，漢地社會主體人口對回回人的溝壑式的大眾成見逐漸超越單純財富因素在回、漢婚姻中的吸引力。這使得除少數政治和商業精英以外的絕大多數回民在選擇配偶時，很難再迎娶到合適的漢地婦女，最終不得不退守到族內婚或教內婚的婚姻制度裏面來。同時，這種被動退守恰恰又成為增強回、漢區別意識自覺的重要推動力，進而又影響到其人口在地理空間上的分佈格局。現實生活中，回族人總是盡力追求一種「小集中」的生活環境狀態，應該與滿足族內婚制的現實需求有一定關係。

入清後，隨著士大夫階層和各級地方官員中普遍存在的針對回民的大眾成見上升為國家意志，對現實生活產生直接影響的司法歧視便產生了。回民由此淪為法律上的「賤民」。而在現實的社會生活中，他們也成了被國家權力打上了恥辱性標記的人群。這種社會地位與話語權的巨大改變，產生了更為深遠的影響。清中葉以後回回所受到一系列不公正的對待，遍及社會生活的各個方面。西北作為回、漢人口最為密集的地區，同時也是現實利益競爭最為激烈的地區。在國家層面的法律歧視與民間層面的大眾性成見中，單純由現實利益引發的日益頻繁的摩擦與糾鬥越來越多地被貼上族群屬性的標籤，並逐步完成了以武裝化和組織化為核心的西北地方軍事化，這是同治西北戰爭這一回族發展史上最重大歷史事件最終爆發並迅速擴大的重要原因。

三、歷史語境扭曲的記憶與應有的反思

控制一個社會的記憶，在很大程度上決定了權力的等級。〔註14〕因此，歷史的書寫和記憶的形塑是權力的象徵，是勝利者話語權力的表達，而話語權力內嵌在歷史的語境之中。所以，留存後世的書寫和記憶，都是歷史在不同語境下扭曲變形之後的結果。現存歷史文獻中有關回回人的文本就是如此，它們大都在明末、清前中期、晚清、民國以及中華人民共和國這些時空變幻的不同歷史語境中，被層層扭曲，最終掩蓋了原來的真實面目。對於回

〔註14〕保羅・康納頓著，納日碧力戈譯：《社會如何記憶》，上海：上海人民出版社，2001 年，第 1 頁。

族史研究來講，缺乏有效的文本，是曾經存在，並且之後仍將長期面臨的最
大的困難。

目前已知的這些有限的文本，大都出自他者的記載，缺乏回民內部自我
的書寫。同治戰後，作爲失敗者的西北回回群體被剝奪了書寫歷史的權力，
成爲被他人書寫的對象。試圖通過這些污名化的文本來研究曾經眞實的歷史
存在，並不是一件容易的事。民族史志學者主張走進田野，「傾聽在主流話語
和權力中心之外的來自他們的『聲音』，將歷史的話語權歸還於伊，由此來完
整地表述他們所表述著的歷史以及他們對過去歷史的建構方式。」〔註 15〕毫
無疑問，這種走進田野的方式相比單純閱讀歷史文本的方式可以更加直觀、
感性，也更加快速地瞭解自己的研究對象。但是，回回人原本就不是一個習
慣於記載自身歷史的群體，田野中可以獲得的文本化的歷史記憶材料是相當
有限的。尤其近年來逐漸披露的其族群內部以阿拉伯語、波斯語等隱秘性表
達方式來記載的譜諜世系與悲情歷史，對於典範式民族史的研究來講，幫助
實在極爲有限。而口述史的資料搜集，因爲口述者本人的記憶偏差和記錄者
個人可能無意的情感注入，具有太多的不確定性，最終影響其客觀性。

除了文本缺乏，回族史研究的困難還來自於歷史與現實的複雜互動。因
爲與現實之間千絲萬縷的聯繫，有關族群與族群理論的研究，特別是有關某
些特定民族歷史的研究，常常成爲某些研究者詮釋自己與他人的過去，以合
理化及鞏固某一部分人群現實利益的重要手段。〔註 16〕這種傾向，在中國回
族歷史的研究中，曾經在的過去某一個特定歷史時期內，相當盛行。毫不客
氣地講，實際上這種傾向在當下不但仍然存在，而且遠不僅僅局限於單純的
學術研究之中。對於研究者來講，來自研究之外的這種現實阻力往往比文本
缺乏更難克服。

從研究的方法論上看，回族史研究與其他人文社科研究一樣，都與自然
科學的研究有顯著不同，研究對象不符合自然科學樣本獨立的基本假設。一
方面，人文研究的中立性要求研究者從自己的對象中「中立」出來；但另一
方面，人文研究者要想眞正全面認識自己的研究對象，又必須首先把自己置
於研究對象的有機聯繫之中。從這一角度來看，任何一個從事人文科學研究

〔註15〕 樊瑩：《族群如何記憶——六盤山涇河上游「陝回」族群的民族學研究》，蘭
　　　　州：蘭州大學博士學位論文，2014 年，第 13 頁。
〔註16〕 王明珂：《華夏邊緣：歷史記憶與族群認同》，北京：北京科學文獻出版社，
　　　　2006 年，第 57 頁。

的研究者，同時又是自己研究對象的一個有機的構成要素。研究者首先要對自己研究的對象充滿濃厚的興趣和敬意，不能以一種高傲的，不可一世的態度俯視自己的研究對象；但另一方面，他又必須和自己的研究對象保持足夠的安全距離，因為只有這樣才能儘量以相對客觀的立場來審視他。在回族研究這樣一個歷史照進現實的非純粹歷史範疇的民族史研究中，要真正能夠做到這一點，尤為困難。

　　總之，歷史是過去的現實，其複雜性與多面性，往往超出人們的想像。面對這種歷史真實多面性，對於坐在書齋裏的學者來講，希望僅僅依靠那些已經布滿灰塵的泛黃文獻，或者事件經歷者充滿個人感情色彩的零星記述，抑或是時人和後人道聽途說的瑣碎記載，就能拼織出歷史的原貌，完全瞭解自己的研究對象，是極不現實的。任何試圖簡單化、標準化與符號化的所謂特徵提煉與規律總結，都存在極大的風險和不確定性。任何非黑即白，非對即錯的二元價值評判標準，同樣也都是錯誤的。懷著謙卑、審慎、尊重與敬畏的態度，去認真審視那些曾經發生的事件和曾經鮮活的人物，是唯一正確，也是唯一明智的選擇。

附錄一：宣統人口調查《化平廳地理調查表》原始圖象與內容整理

　　清末推行憲政，爲了籌備立憲各項事宜，清政府於宣統年間在全國除西藏以外的地區進行了一次大規模的人口調查活動，後世稱其爲「宣統人口調查」。這次人口調查活動，不但包括的空間範圍廣，耗費的時間長，而且與此前歷代以徵收賦稅爲首要目的的戶口登記有本質的區別，在中國人口史上具有劃時代的意義，是中國歷史上第一次具有現代人口普查意義的人口調查。「地理調查表」是宣統人口調查中基層調查信息登記匯總的簡表，也是目前已知唯一一份記錄 20 世紀初城鄉聚落戶口信息的官方原始調查檔案。〔註1〕調查表式以城鄉聚落爲經，名稱、方向、里數、戶口、附記及承辦紳董六項爲緯，每個聚落一行，依次排列。所查事項先由地方紳董分投詳確考查，再由再地方官覆核，並將調查內容及承辦者姓名、職銜等，匯填表內。然後連同原表，一併上呈省督撫。表第一頁第一行「地理調查表」等字之上，填注有某廳及某州縣等字，其下錄有承辦官職名，表冊封面有書簽，一般題有「某省及府廳州縣地理調查表」等字樣。〔註2〕

　　化平直隸撫民廳是同治西北戰爭結束後，清廷爲安置西北客回而專門特設的一個行政區。《化平廳地理調查表》匯總信息顯示，宣統年間，包括廳城

〔註1〕　路偉東：《晚清西北人口五十年（1861～1911）》，上海：復旦大學出版社，2017
　　　　年，第 35～74 頁。
〔註2〕　〔清〕楊丙榮編：《涇州直隸州地理調查表》卷首《地理調查辦法》，甘肅省
　　　　圖書館藏原始文獻，索書號：671.65／321.791。

和東關在內，整個化平廳共有 67 個自然聚落，分屬化臨、聖諭、北面以及香水四個里。其中除本城、東關、北面里的北面鎮及香水里的關莊四處有少量漢民雜居外，其他盡爲純回族聚落。四處有限漢民之中，僅關莊爲土著之民，其他盡爲客民。調查表後記稱：「具係兵燹以後安插回民附戶，惟廳屬北鄉香水里關莊漢民數家原係承平之老戶，故填爲正，合併聲明。」調查表數據統計，漢、回土、客各類合計總計共 2,928 戶，其中漢民僅 51 戶，回民 2,867 戶，約占總戶數的 98%，具有絕對的優勢地位。人口總計 16,582 人，其中男 10,511 人、女 6,071 人、壯丁 7,019、學童 2,347、老民 1,270。平均性別比高達 173。〔註3〕《化平廳地理調查表》所載戶口及相關信息，對研究清代西北回族人口史具有重要意義。本書將此「地理調查表」的原始圖象與內容整理如下，與讀者分享。

〔註 3〕 〔清〕崔純祖編：《化平廳地理調查表》，甘肅省圖書館藏原始文獻，索書號：671.65／333.79。

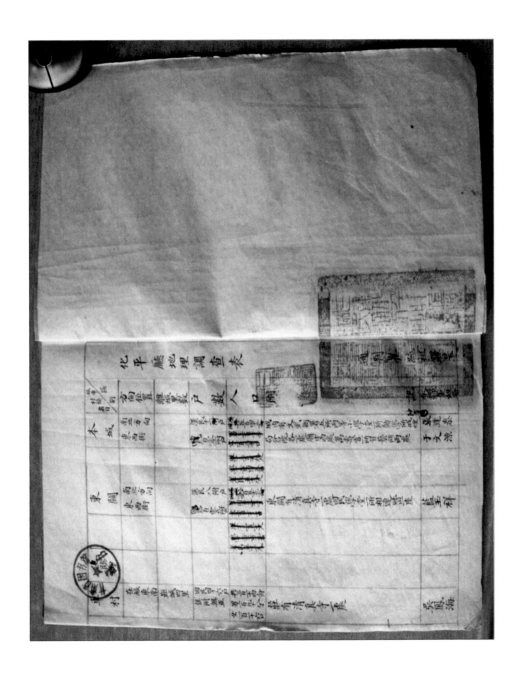

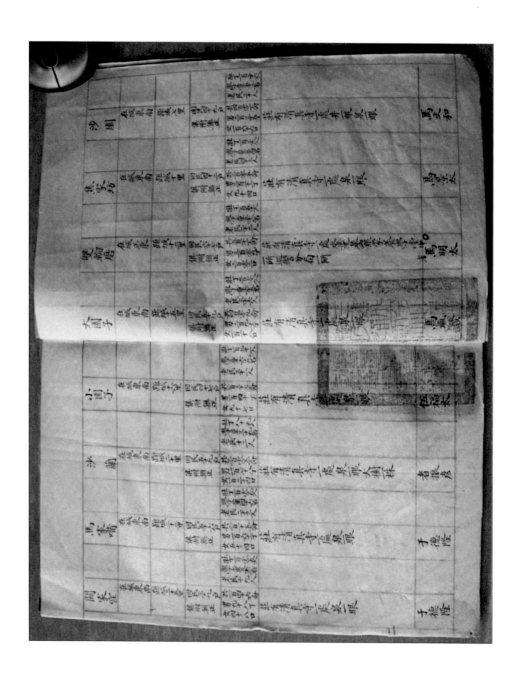

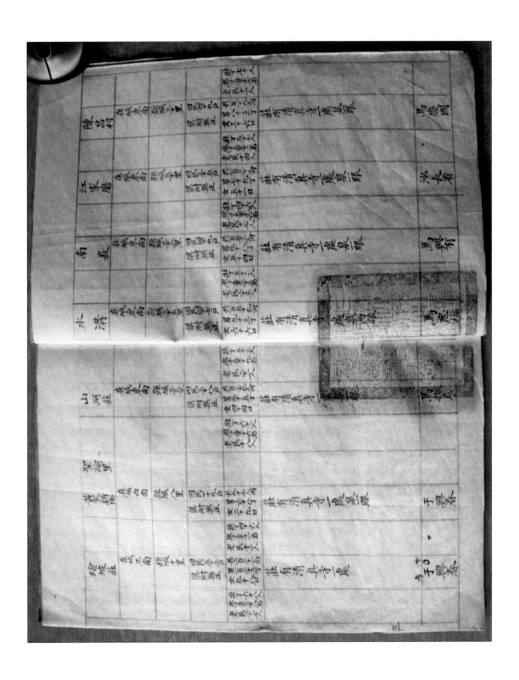

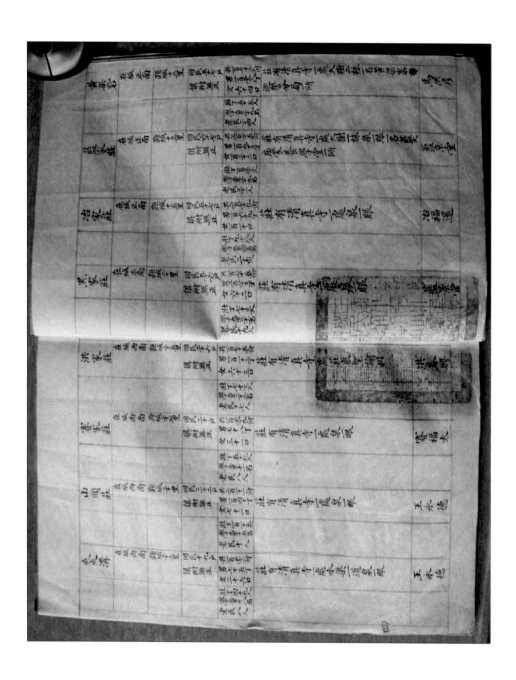

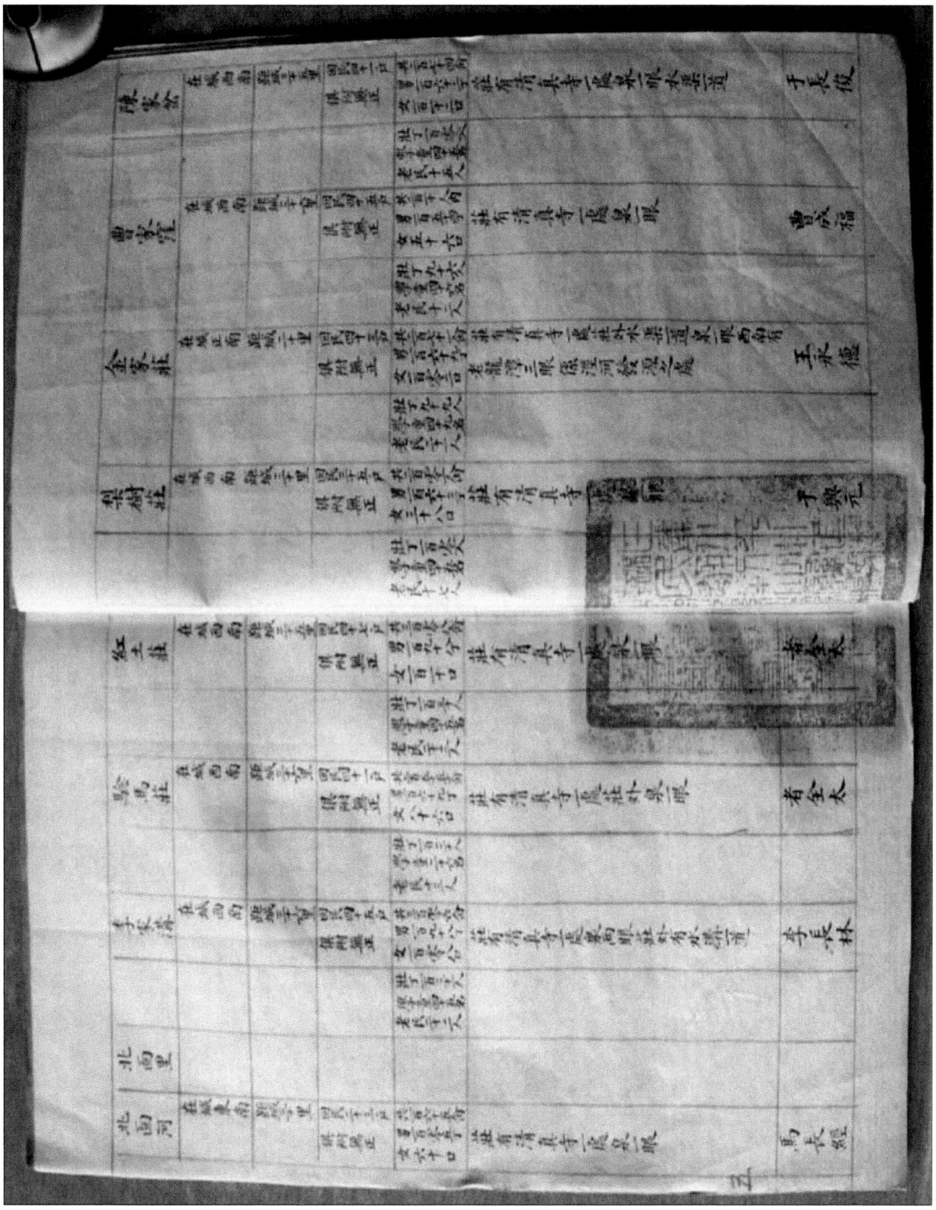

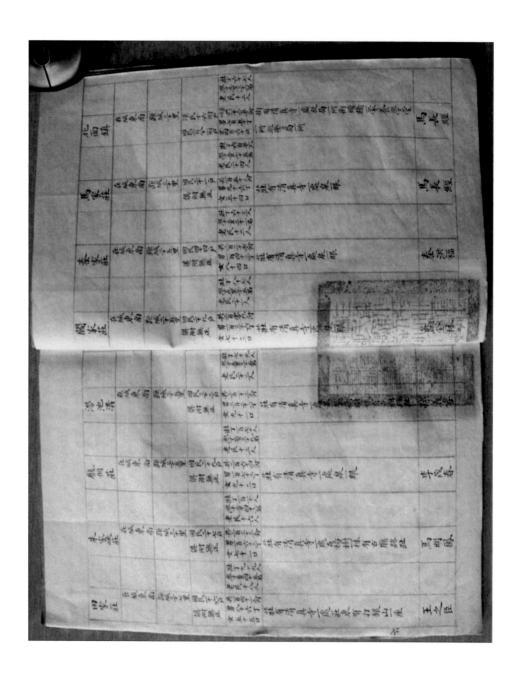

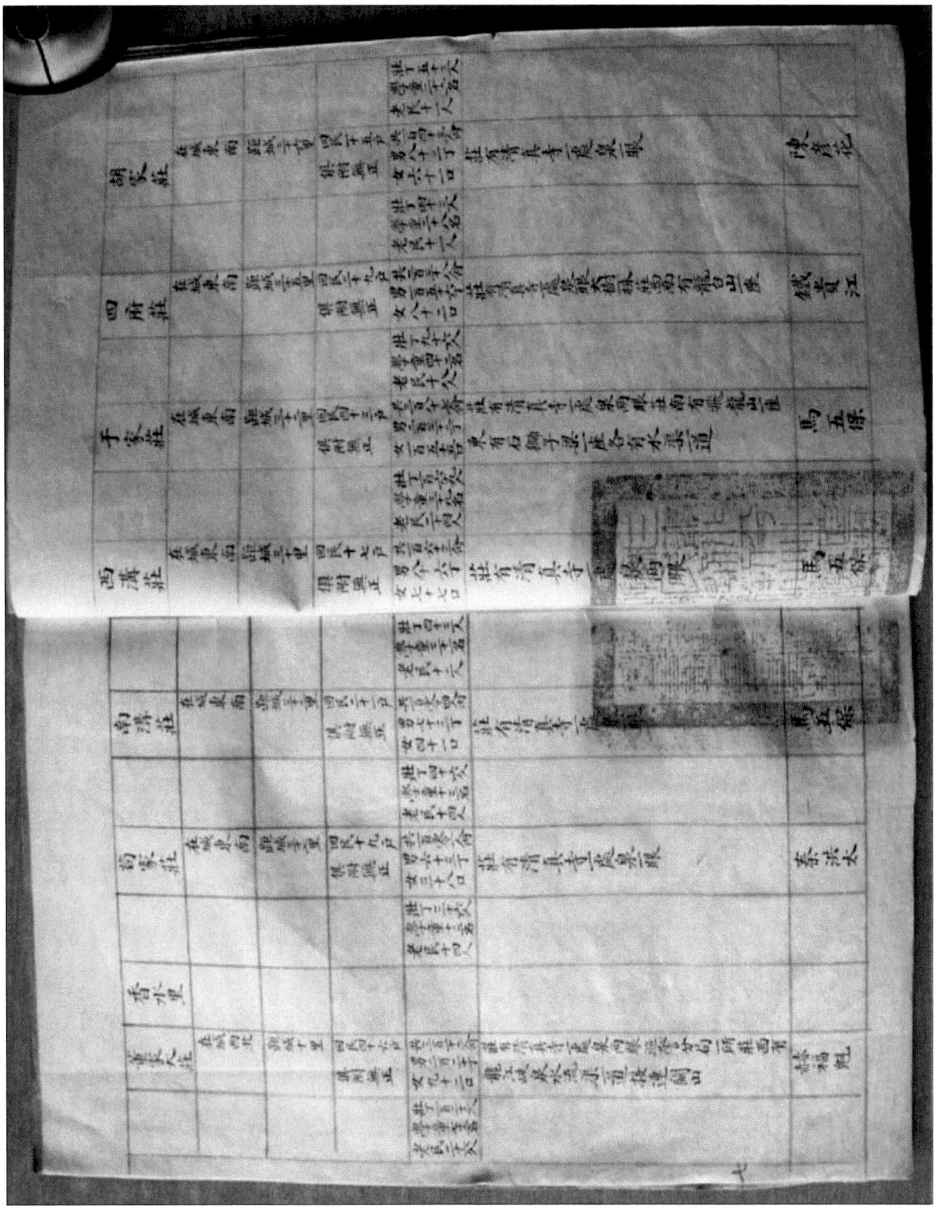

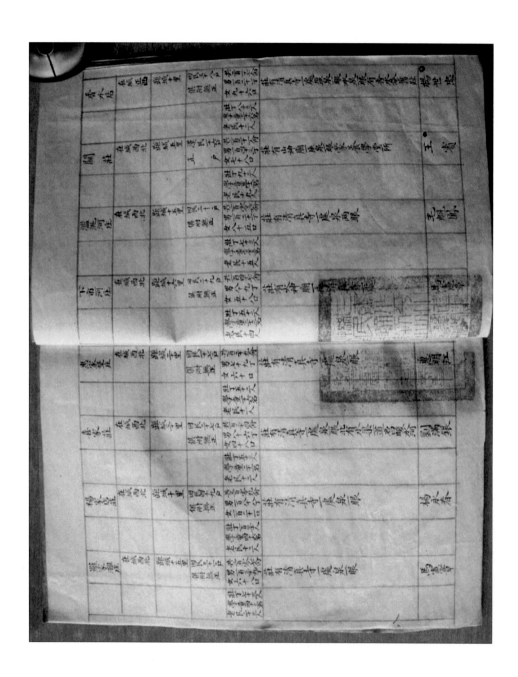

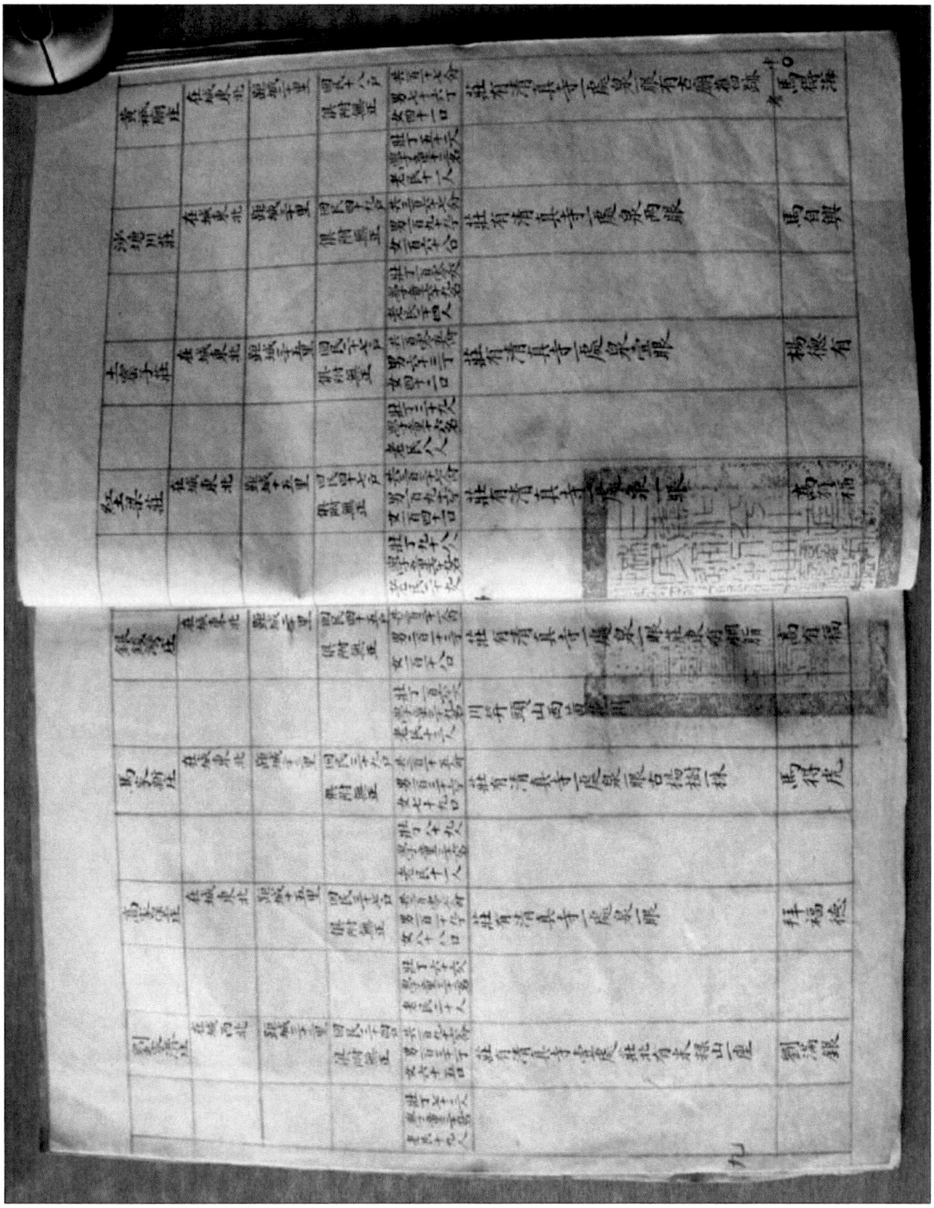

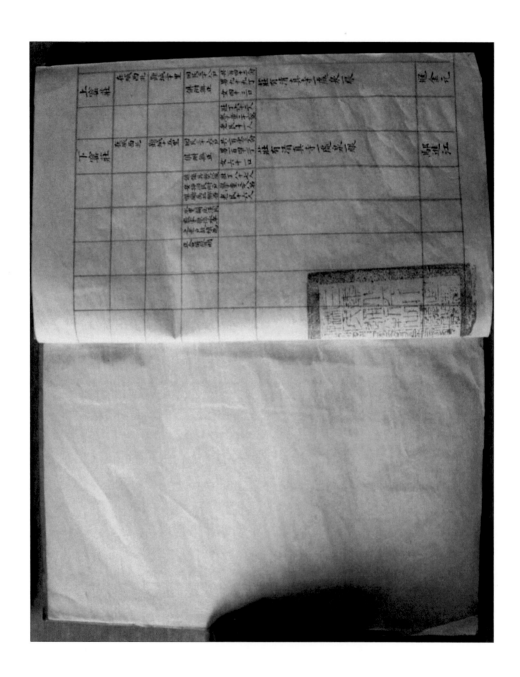

城市村鎮名目	方向位置	離城里數	戶數	人數	附記	承辦紳董姓名
本城	南北方向東西街		漢民 11 戶，附、回民 101，附戶。	漢、回共 542 人，內男 322 丁、女 220 口；壯丁 219 人，學童 45 名，老民 58 人。	城內有文武衙署 5 所，兩等小學堂 1 所，勸學所、戒煙局、倉院各 1 處，廟宇 4 處，萬壽宮 1 所，習藝宮 2 處。	紳耆張逢達、泰、于文源
東關	南北方向東西街		漢民 8 戶，附、回民 109，附戶。	漢、回共 653 人，內男 431 丁、女 222 口；壯丁 311 人，學童 69 名，老民 51 人。	東關有清真寺 1 處，回民學堂 1 所相連，冠山 1 座。	藍玉祥

化臨里

城市村鎮名目	方向位置	離城里數	戶數	人數	附記	承辦紳董姓名
車村	在城東南	距城 4 里	漢民 11 戶，附、回民 101，附戶。	共 314 人，內男 198 丁、女 116 口；壯丁 126 人，學童 52 名，老民 20 人。	莊有清真寺 1 處。	吳鳳海
沙園	在城東南	距城 7 里	回民 49 戶，俱附無正。	共 406 人，內男 235 丁、女 166 口；壯丁 138 人，學童 54 名，老民 43 人。	莊有清真寺 1 處，井 1 眼，泉 1 眼。	馬文和
焦家坊	在城東南	距城 10 里	回民 42 戶，俱附無正。	共 305 人，內男 211 丁、女 94 口；壯丁 151 人，學童 38 名，老民 22 人。	莊有清真寺 1 處，泉 1 眼。	馬景大
雙輪磨	在城正東	距城 12 里	回民 67 戶，俱附無正。	共 511 人，內男 309 丁、女 202 口；壯丁 208 人，學童 65 名，老民 36 人。	莊有清真寺 1 處，水渠 1 道，泉 2 眼，蒙養學堂 1 所，巡警分局 1 所。	紳耆馬明大
大園子	在城東南	距城 15 里	回民 59 戶，俱附無正。	共 409 人，內男 291 丁、女 118 口；壯丁 191 人，學童 69 名，老民 31 人。	莊有清真寺 1 處，泉 1 眼。	馬成發
小園子	在城東南	距城 16 里	回民 47 戶，俱附無正。	共 237 人，內男 140 丁、女 97 口；壯丁 89 人，學童 39 名，老民 12 人。	莊有清真寺 1 處，泉 1 眼。	伍福大
沙蘭	在城東南	距城 20 里	回民 59 戶，俱附無正。	共 302 人，內男 178 丁、女 124 口；壯丁 109 人，學童 46 名，老民 23 人。	莊有清真寺 1 處，泉 1 眼，大樹 1 株。	者振彥

城市村鎮名目	方向位置	離城里數	戶數	人數	附記	承辦紳童姓名
馬家嘴	在城東南	距城22里	回民56戶，俱附無正。	共215人，內男161丁，女54口，壯丁105人，學童37名，老民19人。	莊有清真寺1處，泉1眼。	于德隆
關家窪	在城東南	距城25里	回民39戶，俱附無正。	共146人，內男98丁，女48口，壯丁70人，學童17名，老民11人。	莊有清真寺1處，泉1眼。	于德隆
陳昌村	在城東南	距城30里	回民49戶，俱附無正。	共119人，內男83丁，女36口，壯丁57人，學童12名，老民14人。	莊有清真寺1處，泉1眼。	馬慶國
江家磨	在城東南	距城30里	回民35戶，俱附無正。	共130人，內男79丁，女51口，壯丁46人，學童16名，老民17人。	莊有清真寺1處，泉1眼。	沙長省
南敖	在城東南	距城32里	回民49戶，俱附無正。	共152人，內男98丁，女54口，壯丁52人，學童23名，老民23人。	莊有清真寺1處，泉1眼。	馬興有
水溝	在城東南	距城35里	回民47戶，俱附無正。	共159人，內男93丁，女66口，壯丁53人，學童19名，老民21人。	莊有清真寺1處，泉2眼。	馬忠福
山河莊	在城東南	距城35里	回民38戶，俱附無正。	共139人，內男95丁，女44口，壯丁61人，學童16名，老民18人。	莊有清真寺1處，泉1眼。	馬振彥
聖論里						
黃家新莊	在城西南	距城8里	回民19戶，俱附無正。	共97人，內男68丁，女29口，壯丁46人，學童11名，老民11人。	莊有清真寺1處，泉1眼。	紳耆于興春
儉坡莊	在城正南	距城10里	回民52戶，俱附無正。	共221人，內男123丁，女98口，壯丁68人，學童28名，老民27人。	莊有清真寺1處。	紳耆于興春
黃梁嶧	在城正南	距城12里	回民57戶，俱附無正。	共172人，內男108丁，女64口，壯丁55人，學童29名，老民24人。	莊有清真寺1處，大樹2株。一名黃梁寨，有巡警分局1所。	馬洪彥

城市村鎮名目	方向位置	離城里數	戶數	人數	附記	承辦紳董姓名
藍家莊	在城正南	距城13里	回民67戶，俱附無正。	共315人，內男193丁，女122口，壯丁133人，學童29名，老民31人。	莊有清真寺1處、大樹1株、泉1眼。一名藍大莊，蒙養學堂1所。	藍京堂
冶家莊	在城正南	距城15里	回民57戶，俱附無正。	共279人，內男169丁，女110口，壯丁98人，學童45名，老民26人。	莊有清真寺1處、泉1眼。	冶福選
黑家莊	在城正南	距城20里	回民56戶，俱附無正。	共175人，內男113丁，女62口，壯丁73人，學童21名，老民19人。	莊有清真寺1處、泉1眼。	藍景堂
洪家莊	在城西南	距城25里	回民26戶，俱附無正。	共175人，內男112丁，女63口，壯丁73人，學童22名，老民17人。	莊有清真寺1處、莊東聖諭川。	洪春興
簀家莊	在城西南	距城27里	回民20戶，俱附無正。	共109人，內男78丁，女31口，壯丁59人，學童11名，老民8人。	莊有清真寺1處、泉1眼。	簀福大
山頭莊	在城西南	距城30里	回民32戶，俱附無正。	共211人，內男140丁，女71口，壯丁115人，學童15名，老民10人。	莊有清真寺1處、泉1眼。	王永德
灰灰溝	在城西南	距城33里	回民19戶，俱附無正。	共101人，內男75丁，女26口，壯丁49人，學童18名，老民8人。	莊有清真寺1處、水渠1道、泉1眼。	王永德
陳家岔	在城西南	距城35里	回民41戶，俱附無正。	共274人，內男162丁，女112口，壯丁102人，學童45名，老民15人。	莊有清真寺1處、泉1眼、水渠1道。	于長俊
曹家窪	在城西南	距城36里	回民45戶，俱附無正。	共210人，內男154丁，女56口，壯丁96人，學童46名，老民12人。	莊有清真寺1處、泉1眼。	曹成福
金家莊	在城正南	距城20里	回民43戶，俱附無正。	共271人，內男169丁，女102口，壯丁99人，學童49名，老民21人。	莊有清真寺1處、莊外水渠1道、泉1眼。西南有老龍潭3眼，係涇河發源之處。	王永德
梨家莊	在城西南	距城30里	回民35戶，俱附無正。	共201人，內男163丁，女38口，壯丁101人，學童45名，老民17人。	莊有清真寺1處、泉1眼。	于興元

城市村鎮名目	方向位置	離城里數	戶數	人數	附記	承辦紳董姓名
紅土莊	在城西南	距城35里	回民47戶俱附無正。	共308人，內男198丁，女110口，壯丁130人。	莊有清真寺1處，泉1眼。	音全太
驗馬莊	在城西南	距城36里	回民41戶俱附無正。	共255人，內男169丁，女86口，壯丁130人，學童26名，老民13人。	莊有清真寺1處，泉1眼。	音全太
李家溝	在城西南	距城30里	回民45戶俱附無正。	共306人，內男198丁，女108口，壯丁131人，學童45名，老民22人。	莊有清真寺1處，泉2眼，莊外有水溝1道。	李長林
北面里						
北面河	在城東南	距城30里	回民23戶俱附無正。	共165人，內男105丁，女60口，壯丁67人，學童26名，老民12人。	莊有清真寺1處，泉1眼。	馬長經
北面鎮	在城東南	距城30里	漢民16戶，附回民281戶，附戶。	漢、回共1210人，內男750丁，女460口，壯丁651人，學童75名，老民24人。	街有清真寺1處，稅局1所，街頭橋1，蒙養學堂1所，巡警局1所。	馬長經
馬家莊	在城東南	距城30里	回民21戶俱附無正。	共150人，內男96丁，女54口，壯丁63人，學童21名，老民12人。	莊有清真寺1處泉1眼。	馬長經
秦家莊	在城東南	距城25里	回民44戶俱附無正。	共227人，內男143丁，女84口，壯丁87人，學童35名，老民21人。	莊有清真寺1處，泉1眼。	秦洪福
閻家莊	在城東南	距城25里	回民29戶俱附無正。	共209人，內男136丁，女73口，壯丁79人，學童35名，老民22人。	莊有清真寺1處，泉1眼。	藍全林
澇池溝	在城東南	距城35里	回民32戶俱附無正。	共312人，內男221丁，女91口，壯丁170人，學童39名，老民12人。	莊有清真寺1處泉1眼，楊樹1株，有古廟跡址。	孫義孝
龐圃莊	在城東南	距城35里	回民29戶俱附無正。	共264人，內男172丁，女92口，壯丁110人，學童46名，老民16人。	莊有清真寺1處，泉1眼。	李茂春

城市村鎮名目	方向位置	離城里數	戶　數	人　數	附　記	承辦紳董姓名
朱家峽	在城東南	距城30里	回民27戶，俱附無正。	共233人，內男162丁，女71口，壯丁99人，學童45名，老民18人。	莊有清真寺1處，古楊樹1株，有古廟遺址。	馬明鳳
田家莊	在城東南	距城37里	回民16戶，俱附無正。	共141人，內男86丁，女55口，壯丁53人，學童22名，老民11人。	莊有清真寺1處，莊東有打銀山1座。	王之臣
胡家莊	在城東南	距城36里	回民15戶，俱附無正。	共143人，內男82丁，女61口，壯丁43人，學童28名，老民11人。	莊有清真寺1處，泉1眼。	陳彥花
四府莊	在城東南	距城35里	回民20戶，俱附無正。	共238人，內男156丁，女82口，壯丁96人，學童42名，老民18人。	莊有清真寺1處，泉1眼，大樹1株，莊西南有龍台山1座。	鐵貴江
丁家莊	在城東南	距城32里	回民43戶，俱附無正。	共387人，內男232丁，女155口，壯丁169人，學童39名，老民24人。	莊有清真寺1處，泉2眼，莊南有飛龍山1座，東有石獅子梁1座，各有水渠1道。	馬五保
西溝莊	在城東南	距城30里	回民17戶，俱附無正。	共163人，內男86丁，女77口，壯丁43人，學童31名，老民12人。	莊有清真寺1處，泉兩眼。	馬五保
南溝莊	在城東南	距城32里	回民21戶，俱附無正。	共104人，內男73丁，女41口，壯丁46人，學童13名，老民14人。	莊有清真寺1處，泉1眼。	馬五保
苟家莊	在城東南	距城37里	回民19戶，俱附無正。	共101人，內男63丁，女38口，壯丁36人，學童13名，老民14人。	莊有清真寺1處，泉1眼。	秦洪大
香水里						
董家大莊	在城西北	距城10里	回民46戶，俱附無正。	共312人，內男220丁，女92口，壯丁122人，學童72名，老民26人。	莊有清真寺1處，泉2眼，巡警分局1所，莊西有龍江峽泉，水流渠1道，接連關山。	赫福魁
香水店	在城正西	距城10里	回民38戶，俱附無正。	共217人，內男121丁，女96口，壯丁83人，學童26名，老民12人。	莊有清真寺1處，鹽泉1眼，水泉1眼，有香水庵舊址。	楊世貴

城市村鎮名目	方向位置	離城里數	戶 數	人 數	附 記	承辦紳董姓名
關莊	在城西北	距城 5 里	漢民 16 戶，正戶。	共 221 人，內男 143 丁、女 78 口，壯丁 92 人，學童 32 名，老民 19 人。	莊有山神廟 1 座，泉 1 眼，蒙養學堂 1 所。	王 賓
濫泥河莊	在城西北	距城 15 里	回民 30 戶，俱附無正。	共 206 人，內男 121 丁、女 85 口，壯丁 73 人，學童 33 名，老民 15 人。	莊有清真寺 1 處，泉 2 眼。	毛魁鳳
下南河莊	在城西北	距城 16 里	回民 29 戶，俱附無正。	共 147 人，內男 89 丁、女 58 口，壯丁 52 人，學童 23 名，老民 14 人。	莊有火神廟 1 座，清真寺 1 處。	馬慶章
惠家堡莊	在城西北	距城 20 里	回民 17 戶，俱附無正。	共 139 人，內男 79 丁、女 60 口，壯丁 52 人，學童 16 名，老民 11 人。	莊有清真寺 1 處，泉 1 眼。	惠明江
喜家莊	在城西北	距城 30 里	回民 27 戶，俱附無正。	共 134 人，內男 86 丁、女 48 口，壯丁 53 人，學童 21 名，老民 12 人。	莊有清真寺 1 處，泉 1 眼，北有水渠 1 道，名曰暖水河。	劉滿銀
楊家店莊	在城西北	距城 10 里	回民 49 戶，俱附無正。	共 309 人，內男 188 丁、女 121 口，壯丁 138 人，學童 46 名，老民 12 人。	莊有清真寺 1 處，泉 1 眼。	楊永春
羅家灘莊	在城西北	距城 15 里	回民 31 戶，俱附無正。	共 207 人，內男 139 丁、女 68 口，壯丁 73 人，學童 43 名，老民 23 人。	莊有清真寺 1 處，泉 1 眼。	馬慶章
黃祇廟莊	在城東北	距城 20 里	回民 18 戶，俱附無正。	共 117 人，內男 76 丁、女 41 口，壯丁 52 人，學童 13 名，老民 11 人。	莊有清真寺 1 處，泉 1 眼，有古廟舊址。	紳耆 馬得海
沙塘川莊	在城東北	距城 30 里	回民 49 戶，俱附無正。	共 367 人，內男 199 丁、女 168 口，壯丁 106 人，學童 69 名，老民 24 人。	莊有清真寺 1 處，泉 2 眼。	馬自興
土窰子莊	在城東北	距城 35 里	回民 27 戶，俱附無正。	共 105 人，內男 63 丁、女 42 口，壯丁 39 人，學童 16 名，老民 8 人。	莊有清真寺 1 處，泉 1 眼。	楊德有
紅土梁莊	在城東北	距城 15 里	回民 47 戶，俱附無正。	共 337 人，內男 196 丁、女 141 口，壯丁 98 人，學童 69 名，老民 29 人。	莊有清真寺 1 處，泉 1 眼。	高有福

城市村鎮名目	方向位置	離城里數	戶數	人數	附記	承辦紳董姓名
銀錢灣村	在城東北	距城20里	回民45戶，俱附無正。	共331人，內男213丁，女118口，壯丁161人，學童39名，老民13人。	莊有清真寺1處，泉1眼，莊東有胭脂川、羊頭山西黃花川。	高有福
馬家新莊	在城東北	距城23里	回民39戶，俱附無正。	共215人，內男136丁，女79口，壯丁89人，學童36名，老民11人。	莊有清真寺1處，泉1眼，古楊樹1株。	馬德虎
高家堡莊	在城東北	距城15里	回民37戶，俱附無正。	共207人，內男119丁，女88口，壯丁66人，學童32名，老民20人。	莊有清真寺1處，泉1眼。	拜福德
劉家溝莊	在城西北	距城32里	回民34戶，俱附無正。	共196人，內男131丁，女65口，壯丁73人，學童39名，老民19人。	莊有清真寺1處，莊北有米糠山1座。	劉滿銀
上窯莊	在城西北	距城20里	回民38戶，俱附無正。	共142人，內男99丁，女43口，壯丁62人，學童26名，老民11人。	莊內有清真寺1處，泉1眼。	冠金元
下窯莊	在城西北	距城15里	回民36戶，俱附無正。	共202人，內男141丁，女61口，壯丁87人，學童38名，老民16人。	莊內有清真寺1處，泉1眼。	鄔進江

數據說明：各聚落壯丁、學童及老民三項合計總數與男丁數相同，其中香水里高家莊壯丁、學童及老民三項合計數量與男丁不符，疑數據有誤；又調查表尾有文字記稱：「俱係兵燹以後安插回民附戶，准廳屬北鄉香水里關莊漢民數家原係承平之老戶，故填為正。合併聲明！」

附錄二：宣統人口調查《化平廳地理調查表》所載轄區戶口小考

　　宣統甘肅省化平廳又稱化平川廳、化平川直隸廳、化平直隸撫平廳等，即今之寧夏回族自治區固原市涇源縣，其地清代原爲甘肅省平涼府所轄。同治十年（1871）冬，由左宗棠奏請，經吏部議准，始劃平涼、固原、華亭、隴德四州縣之地，置化平直隸撫民廳，安置戰後陝甘客回近萬名於此。民國二年（1913），改化平廳爲化平縣。1950 年 9 月，經甘肅省政府批准，復改化平縣爲涇源縣，取涇河發源之意，隸屬甘肅省平涼專署。1953 年 5 月改稱爲涇源回族自治區，1955 年 5 月復改爲涇源回族自治縣。1958 年 10 月，寧夏回族自治區成立後，涇源回族自治縣改稱涇源縣，自甘肅平涼劃歸寧夏，屬固原專區管轄。〔註1〕此後至今名稱及隸屬關係未再有改變。

　　化平廳所轄區域自同治十年（1871）成立之初直至 1956 年以前，基本保持穩定，變動不大。同治十年（1871）化平廳經部議准設立後，左宗棠即札委甘肅地方進行詳確規劃。具體事務由計名道馮邦棟督辦，他選派熟悉當地地理和輿圖的書役實地勘察，最終確定化平廳轄境範圍，具體爲：「化平川東南，擬自四溝嶺起，至羊套梁、老虎崖、黃家瓦山一帶分界，向係平涼、華亭舊界；東北擬自土窯子起，至錢家窯、董家川、鹽池河一帶分界，向係華亭、固原舊界；西北擬自鹽池河起，至香水庵、龍江峽、關山一帶分界，向係華亭、隆德舊界。其鹽井一眼，擬歸化平廳管轄；西南擬自關山至後麥子

〔註 1〕涇源縣志編纂委員會編，李子傑主編：《涇源縣志》，銀川：寧夏人民出版社，1995 年，第 35～48 頁。

坪、龍台山、石嘴子河一帶，與華亭縣分界。由羊套梁至龍江峽止，東西約距三十五里，由石嘴子河至鹽池河止。」〔註2〕總計轄境南北約八十里，四境轄界約計二百里。詳細地理繪圖貼說，均呈報左宗棠。可惜原圖現在已不知所蹤。清末宣統人口調查時，根據調查條例規定，各地方應該繪製輿圖與調查表一併上報。但現存甘肅「地理調查表」中，僅有少數幾個廳縣附有地圖，其他絕大部分地方的地圖均早已亡佚，亦或當時即未繪製地圖，化平廳就是其中一個。

根光緒《化平直隸撫民廳遵章採訪編輯全帙》記載，光緒末化平廳轄境：「治在甘肅省城東南七百五十里，東至撻銀山交平涼界三十五里，西至即窟窿峽分水嶺交隆德界三十五里，南至大南川交華亭界四十里，北至土窯子分水嶺交固原界四十里，東南至石嘴子分水梁交華亭界四十五里，西南至馬尾山交隆德界四十里，東北至鹽圈子交平涼界四十里，西北至李家堡交固原界三十五里，編境內為四里。」〔註3〕對照可見其時轄境與同治十年（1871）初置時基本一致。

圖 12.1 是民國《新編化平縣志》所載化平縣輿地總圖，該圖為民國二十八年（1939）所繪。〔註4〕從圖上所標地名方位及邊界走向來看，其轄境亦與此前廳屬所轄區域基本一致。中華人民共和國成立以後，化平縣基層行政組織名稱變化頻繁，自然村落的數量增長亦較顯著，轄境也有一定變化。1956年 11 月，華亭縣山寨區新民、石咀兩個鄉劃歸涇源回族自治縣。1983 年，自治區人民政府曾將永寧縣所屬蘆草窪一帶劃為涇源縣移民弔莊區。〔註5〕2000 年弔莊設管委會一個，下轄 3 個鄉級管區，36 個行政村，88 個村民小組。共搬遷移民 5,215 戶，約 23,400 人。同年 9 月，蘆草窪弔莊移交銀川市郊區人民政府管理。〔註6〕2002 年 7 月，固原原州區什字路鎮、大灣鄉、菖店

〔註2〕 〔清〕左宗棠：《奏為籌備新設化平廳各項事宜事》，同治十年（1871）十一月十八日，檔案號：03-5090-002，中國第一歷史檔案館藏。

〔註3〕 光緒《化平直隸撫民廳遵章採訪編輯全帙·疆域》。

〔註4〕 民國《新編化平縣志》卷一《輿地志·疆域》。

〔註5〕 該地以窪地多生蘆草得名，位於永寧縣城西北 20 千米，包蘭鐵路西側。1983年始建，居民點呈矩形，1995 年底已搬遷安置涇源移民 22,977 人，絕大多數為回族，已開發土地 4,792 公頃。詳請參見洪俊虎、邢思顯撰《涇源移民開發建設蘆草窪弔莊史略》，《銀川市郊區文史資料》第 2 輯，第 23～28 頁。

〔註6〕 涇源縣志辦公室編，楊友桐主編：《涇源縣志（1991～2000）》，銀川：寧夏人民出版社，2003 年，第 35～36 頁。

鄉被劃歸涇源縣。[註7] 此即今天所見涇源縣轄區。總之，1949 年中華人民共
和國成立以前，化平轄境比較穩定，基本沒有變化。

圖 12.1　化平縣輿地總圖

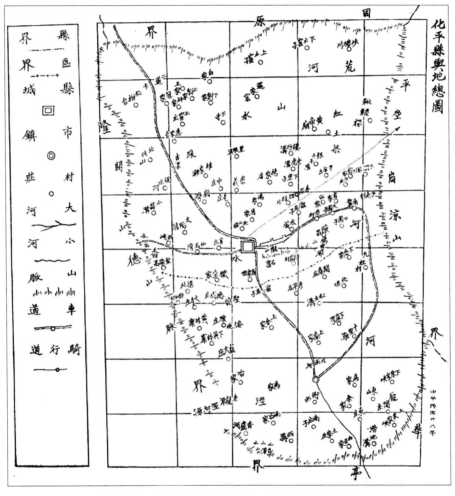

資料來源：民國《新編化平縣志·化平縣輿地總圖》。

　　按宣統人口調查《化平廳地理調查表》記載：化平共設化臨、香水、聖
諭及白面 4 里。本城及東關在內 67 個聚落調查單位，共 2,928 戶，16,582 口。
其中男 10,511 口、女 6,071 口、壯丁 7,019 人、學童 2,347 名、老民 1,270 人。

〔註 7〕　原州年鑒編輯部編，白新華主編：《原州年鑒 2005》，北京：方志出版社，2006
　　　　年，第 85 頁。

漢民 51 戶，雜居於本城、東關、北面鎮及關莊四處，其餘盡爲回民，共 2,877 戶。〔註8〕宣統人口調查有男女人口分類統計，學界此前引用的數據都來自於民國陳長蘅、王士達等人匯總的分省男女人口數據。從這一匯總數據來看，全國總人口性別比明顯偏高，達 121.7，〔註9〕侯楊方修正之後的數值也高達 121.6。〔註10〕較高的性別比說明，宣統人口調查女性人口的遺漏較多。〔註11〕但是，如果僅就甘肅一省來講，陳長蘅與侯楊方的修正值均爲 109.8，基本接近人口性別比的正常值。由此可見，在宣統人口調查全國女性人口遺漏較多，數據較差的情況下，甘肅省的調查數據總體質量還是比較高的。

《化平廳地理調查表》是甘肅現存「地理調查表」中唯一記載分村男、女人口數據的調查表，通過這份原始調查表單，我們可以在更高的精度上，來觀察宣統人口調查的內部細節。化平廳 67 個調查單元中，人口性別比最高值爲 428.9，最低值爲 111.7，平均值爲 174.3。見圖 12.2。

從圖 12.2 可見，除少數幾個聚落外，其他絕大多數聚落的性別比都在 130 以上，遠高於正常水平。而對壯丁、學童與老民三項合計數值顯示，除高家堡一處外，其他均與男性人口數一致。很顯然，壯丁、學童與老民三項數據僅包括男性人口，沒有統計女性人口。壯丁與學童盡爲男性可以理解，但老民中不可能只有男性。因此，宣統化平廳人口性別比嚴重偏離正常水平的主要原因是人口數據中有大量女性人口漏報。如果按 109.8 全省平均性別比進行修正，宣統年間，化平廳女性人口數量應該爲 9,596 人，比登記人口多了 3,550 人，漏報率高達 37%。修正之後的宣統化平廳男女合計共 20,131 人，2,928 戶，戶均人口大約爲 6.9 口。

儘管宣統人口調查甘肅調查數據質量總體相對較高，但是從化平廳的個案情況來看，不同廳縣之間調查數據的質量差別還是比較大的。實際上，這種系統性的數據偏差，應該源於調查標準的不統一，而非刻意編造或者隱

〔註8〕〔清〕崔純祖：《化平廳地理調查表》，甘肅省圖書館藏原始文獻，索書號：671.65／333.79。

〔註9〕陳長蘅：《人口》，表一，民國實業部：《中國經濟年鑒》，上海：商務印書館，1934 年。

〔註10〕葛劍雄主編，侯楊方著：《中國人口史》第六卷《1910～1953 年》，上海：復旦大學出版社，2000 年，第 246 頁。

〔註11〕女性人口遺漏較多是中國人口統計歷史上的常例，即使在現代的歷次人口普查中也不可避免，尤其是出生性別比。見袁永熙主編：《中國人口‧總論》，北京：中國財政經濟出版社，1991 年，第 298 頁。

圖 12.2　宣統人口調查《化平廳地理調查表》人口性別比

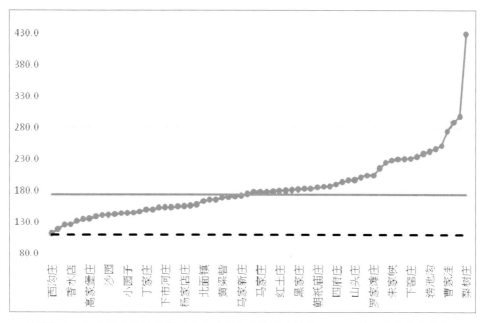

數據說明：陳長蘅與侯楊方修證宣統甘肅全省性別比均爲 109.8，故以此值爲參考值。

瞞。這一點從玉門縣的數據看得更清楚。宣統人口調查玉門縣有共有 9 個聚落的戶數記爲半戶。比如，西大渠 18 戶半；川北鎮 26 戶半等，也有記爲「幾個戶」者，如赤金上東壩 64 個戶。這種「戶」顯然不是人口統計意義上的「戶」，而是清初移民之時每戶分地百畝的歷史遺存，戶與百畝所納糧賦相等，後期逐漸演化成爲一種以「戶」爲名的納稅單位。半戶出現則是因爲土地交易，每戶所承擔的賦稅發生變化。〔註 12〕光緒三十四年（1908）編纂的《化平直隸撫民廳遵章採訪編輯全帙》記載稱全廳戶口數和男女人數，詳見表 12.1 中的「1908 年採訪值」一行。

表 12.1　三個不同年份化平縣的戶口數

數據年份	戶數	人數	男	女	性別比	戶均人口
1908 年採訪值 [1]	3,185	16,590	9,043	7,548	119.8	5.2
1909 年調查值 [2]	2,928	16,582	10,511	6,071	173.1	5.7

〔註 12〕 路偉東：《宣統人口普查「地理調查表」甘肅分村戶口數據分析》，見《歷史地理》第 25 輯，上海人民出版社，2011 年，第 402～412 頁。

1909 年修正值[3]	2,928	20,107	10,511	9,596	109.8	6.9
1953 年普查值[4]	5,519	30,788	16,250	14,538	111.8	5.6

數據來源：1、光緒《化平直隸撫民廳遵章採訪編輯全帙·戶口》；2、《宣統化平廳地理調查表》；3、筆者修正值；4、1953 年第一次全國人口普查數據，涇源縣志編纂委員會編，李子傑主編：《涇源縣志》，銀川：寧夏人民出版社，1995 年，第 75 頁。

　　1908 年採訪值與 1909 年調查值兩組數據在時間上僅相差一年，人口總數也幾乎一致，但總戶數、男性人口數和女性人口數三項數值卻有較大差別。其中戶數前多後少，減少了 257 戶。正常情下，同一地區一年之間戶數不可能有這麼大的波動，這應該是兩個「戶」統計口徑不一致造成的；女性人口前多後少，可能是後者刻意遺漏瞞報所致；男人口前少後多，則可能是出於實際調查，應該更接近於實際的人數；而總人口數前後幾乎一致則說明，這一人口總數可能是在實際調查男性人口數基礎上人爲編造女性人口數，合併而來的。儘管當事者爲什麼這麼做，原因目前尚不得而知。但很顯然，爲了保證人口數前後基本一致，當時的調查者刻意遺漏了大量女性人口。修正後的人口數與 1953 年數據相比較，44 年間，化平人口增加了 10,681 人，增長了 53.1%，年均增長率爲 9.73‰。如果考慮到宣統人口調查中男性人口漏報，這一時期化平人口年均增長率可能還要低一些。千分之九點幾這一較低人口年均增長率大概可以反映同時期，在沒有外來移民遷入的情況下，整個西北地區實際的人口增長狀態。

參考文獻

（文獻按時間排列）

一、原始文獻

1. 中國第一歷史檔案館藏：《軍機處錄副奏摺》，全宗號：03。
2. 青海檔案館藏：清代循化廳檔案（同治、光緒、宣統），全宗號：006、007、009。
3. 國立故宮博物院編：《宮中檔雍正朝奏摺》，臺北：國立故宮博物院，1979年。
4. 國立故宮博物院編：《宮中檔乾隆朝奏摺》，臺北：國立故宮博物院，1982年。
5. 中國第一歷史檔案館編：《雍正朝漢文朱批奏摺彙編》，南京：江蘇古籍出版社，1989年。
6. 中國第一歷史檔案館編：《乾隆朝上諭檔》，北京：中國出版年鑒社，1992年。
7. 中國第一歷史檔案館編：《雍正朝漢文諭旨彙編》，桂林：廣西師範大學出版社，1999年。
8. 中國第一歷史檔案館編：《嘉慶道光兩朝上諭檔》，桂林：廣西師範大學出版社，2000年。
9. 阿桂等編纂：《欽定蘭州紀略》，乾隆四十四年武英殿木活字本。
10. 顧壽禎、顧家相：《孟晉齋文集》，見素抱樸齋，清同治五年（1866）刻本。
11. 劉智編：《天方至聖實錄年譜》，成都：寶真堂，同治十一年（1872）本活字本。
12. 余庚陽：《池陽吟草》，劉氏傳經堂，清同治十二年（1873）刻本。
13. 奕訢等編纂：《欽定平定陝甘新疆回匪方略》，光緒二十二年木活字本。

14. 賀瑞麟：《清麓文集》，劉氏傳經堂，清光緒二十五年刻本。

15. 柏景偉：《灃西草堂文集》，金陵思過齋，民國十三年刻本。

16. 柏塈編：《涇獻文存》，民國十四年鉛印本。

17. 東阿居士：《秦難見聞錄》，馬霄石：《西北回族革命簡史》，上海：東方書社，1951 年，第 85～150 頁。

18. 中國史學會主編，編者白壽彝：《回民起義》，上海：神州國光社，1952 年。

19. 中國科學院民族研究所甘肅少數民族社會歷史調查組編：《甘肅回族調查資料彙集》，1964 年。

20. 中國科學院民族研究所青海少數民族社會歷史調查組編：《青海回族調查資料彙集》，1964 年。

21. 張兆棟：《守岐公牘匯存》，上海：上海古籍書店，1979 年。

22. 中央人口調查登記辦公室編：《中華人民共和國一九五三年人口調查統計彙編》，國家統計局人口統計司翻印，1986 年。

23. 紀昀等編纂：《欽定石峰堡紀略》，銀川：寧夏人民出版社，1987 年。

24. 馬長壽主編：《同治年間陝西回民起義調查記錄》（《陝西文史資料》第 26 輯），西北大學歷史系民族研究室調查整編，西安：陝西人民出版社，1993 年。

25. 左宗棠：《左宗棠全集》，劉泱泱、廖運蘭校點，長沙：嶽麓書社，1996 年。

26. 中華續行委辦會調查特委會編，蔡詠春、文庸等譯：《1901～1920 年中國基督教調查資料》，北京：中國社會科學出版社，2007 年。

27. 吳海鷹主編：《回族典藏全書》，蘭州：甘肅文化出版社，2008 年。

28. 代林、馬靜主編：《大盛魁聞見錄》，呼和浩特：內蒙古人民出版社，2011 年。

二、地方史志

1. 嘉靖《高陵縣志》，呂柟纂修，嘉靖二十年刻本。

2. 萬曆《肅鎮華夷志》，李應魁等纂修，萬曆四十四年修，刻本。

3. 天啓《同州志》，張一英修，馬樸纂，天啓五年刻本。

4. 順治《綏德州志》，王元士修，郝鴻圖纂，順治十八年刻本。

5. 康熙《朝邑縣後志》，王兆鼇修，王鵬翼纂，康熙五十一年刻本。

6. 雍正《重修高陵縣志》，丁應松修，樊景顏纂，雍正十年刻本。

7. 雍正《陝西通志》，劉于義修，沈青崖纂，雍正十三年刻本。

8. 乾隆《西寧府新志》，楊應琚纂修，乾隆十二年刻本。

9. 宣統《固原直隸州志》，朱亨衍修，劉統纂，乾隆十七年修，抄本。

10. 乾隆《白水縣志》，梁善長纂修，乾隆十九年刻本。

11. 乾隆《棲霞縣志》，衛萇纂修，乾隆十九年刻本。

12. 乾隆《鎮安縣志》，聶燾纂修，乾隆二十年刻本。

13. 乾隆《續耀州志》，汪灝修，鍾麟書纂，乾隆二十七年刻本。

14. 乾隆《直隸秦州新志》，費廷珍修，胡釴纂，乾隆二十九年刻本。

15. 乾隆《嵩縣志》，康基淵纂，乾隆三十二年（1767）刻本。

16. 乾隆《臨潼縣志》，史傳遠纂修，乾隆四十一年刻本。

17. 乾隆《西安府志》，舒其紳修，嚴長明纂，乾隆四十四年刻本。

18. 乾隆《寧夏府志》，張金城修，楊浣雨纂，乾隆四十五年刻本。

19. 乾隆《華陰縣志》，陸維垣、許光基修，李天秀等纂，乾隆五十三年修，五十八年刻本。

20. 乾隆《循化志》，龔景瀚編纂，乾隆五十七年修，西寧：青海人民出版社，1991年。

21. 乾隆《常昭合志》，王錦等修，言如泗纂，嘉慶二年刻本。

22. 康熙《山西通志》，覺羅石麟修，儲大文纂，嘉慶十一年刻本。

23. 道光《陝西志輯要》，王志沂撰，道光七年（1827）刻本。

24. 道光《西鄉縣志稿》，張廷槐纂修，道光八年刻本。

25. 道光《敦煌縣志》，蘇履吉修，曾誠纂，道光十一年（1831）刻本。

26. 道光《大荔縣志》，熊兆麟纂修，道光三十年刻本。

27. 光緒《大荔縣續志》，周銘旂修，李志復纂，光緒五年修，光緒十一年刻本。

28. 光緒《三原縣新志》，焦云者修，賀瑞麟纂，光緒六年刻本。

29. 光緒《高陵縣續志》，程維雍修，白遇道纂，光緒七年（1881）修，十年刻本。

30. 光緒《同治府續志》，饒應祺修，馬先登、王守恭纂，光緒七年（1881）刻本。

31. 光緒《三緒華州志》，吳炳南修，劉域纂，光緒八年合刻華州志本。

32. 光緒《西寧府續志》，鄧承偉修，張價卿、來維禮纂，光緒九年修，抄本。

33. 光緒《新修菏澤縣志》，淩壽柏修，光緒十一年刻本。

34. 光緒《臨潼縣續志》，安守和修，楊彥修纂，光緒十六年刻本。

35. 光緒《重修皋蘭縣志》，張國常纂修，光緒十八年修稿本。

36. 光緒《富平縣志稿》，樊增祥、劉錕修，光緒二十一年刻本。

37. 光緒《肅州新志稿》，吳人壽、何衍慶纂修，光緒二十三年修，抄本。

38. 光緒《靈州志》，楊芳燦修，佚名續修，光緒三十三年續修，抄本。

39. 光緒《洮州廳志》，張彥篤修，包永昌纂，光緒三十三年刻本。

40. 光緒《甘肅新通志》，昇允、長庚修，安維峻纂，光緒三十四年修，宣統元年刻本。

41. 光緒《化平直隸撫民廳遵章採訪編輯全帙》，王賓、張元泰編，民國三十四年稿本。劉兆祐主編：《中國史學叢書三編》第三輯，臺北：臺灣學生書局，1987 年影印本。

42. 光緒《鄠縣鄉土志》，佚名編，臺北：成文出版社有限公司，民國五十八年影印本。

43. 光緒《華州鄉土志》，褚成昌編纂，臺北：成文出版社有限公司，民國五十八年影印本。

44. 光緒《化平直隸撫民廳遵章採訪編輯全帙》，王賓、張元泰撰，光緒三十四年稿本。

45. 宣統《河州採訪事蹟》（又名《河州續志》），張庭武纂，宣統元年修，抄本。

46. 宣統《重修涇陽縣志》，周斯億編纂，宣統三年鉛印本。

47. 民國《化平縣採訪錄》，佚名編，民國九年抄本。

48. 民國《重修靈臺縣志》，高維岳、張東野修，王朝俊等纂，民國二十四年鉛印本。

49. 民國《重修盩厔縣志》，龐文中修，任肇新、路孝愉纂，民國十四年鉛印本。

50. 民國《創修渭源縣志》，張兆鉀修，陳鴻寶纂，民國十五年石印本。

51. 民國《閬中縣志》，岳永武修、鄭鍾靈等纂，民國十五年石印本。

52. 民國《重修崇信縣志》，張道明修，任瀛翰纂，民國十七年石印本。

53. 民國《重修鎮原縣志》錢史彤、鄔介民修，焦國理、慕壽祺纂，民國間修，民國二十四年鉛印本。

54. 民國《三臺縣志》，林誌茂、謝襄力等纂修，民國二十年鉛印本。

55. 民國《續修醴泉縣志稿》，張道芷、胡銘荃修，曹驥觀纂，民國二十四年鉛印本。

56. 民國《重修隆德縣志》，桑丹桂修，陳國棟纂，民國二十四年修，石印本。

57. 民國《咸寧長安兩縣續志》，翁柽修，朱聯奎纂，民國二十五年鉛印本。

58. 民國《續修大荔縣舊志存稿》，陳少先、聶雨潤修、張樹耘續、李泰纂，民國二十五年鉛印本。

59. 民國《綏遠通志稿》，綏遠省通志館纂修，民國二十六年完稿，呼和浩特：內蒙古人民出版社，2007 年。

60. 民國《貴德縣志稿》，姚均修，趙萬卿纂，民國二十九年修，稿本。

61. 民國《新編化平縣志》，蓋世儒修，張逢泰纂，民國二十八年石印本。

62. 民國《重修廣元縣志稿》，謝開來等修、王克禮等纂，民國二十九年鉛印本。

63. 民國《續修藍田縣志》，郝兆先修，民國三十年鉛印本。

64. 民國《敦煌縣志》，呂鍾纂，民國三十五年抄本，蘭州：甘肅人民出版社，2002 年。

65. 民國《華縣縣志稿》，郭濤修，顧耀離纂，民國三十八年鉛印本。

66. 高陵縣地名工作辦公室編：《高陵縣地名志》，八七二八五部隊印刷廠，1984 年。

67. 陝西省地方志編纂委員會主編，曹占泉編著：《陝西省志·人口志》，西安：三秦出版社，1986 年。

68. 自治縣概況編委會編：《大通回族土族自治縣概況》，西寧：青海人民出版社，1986 年。

69. 縣志編纂委會編，周少卿總纂：《河曲縣志》，太原：山西人民出版社，1989 年。

70. 陝西省臨潼縣志編纂委員會編，睢卯民主編：《臨潼縣志》，上海：上海人民出版社，1991 年。

71. 涇源縣志編纂委員會編，李子傑主編：《涇源縣志》，銀川：寧夏人民出版社，1995 年。

72. 呼和浩特市回民區志編纂辦公室編，丹國昌主編：《呼和浩特市回民區志》，內蒙古廣播電視廳機關印刷廠，1996 年。

73. 渭南地區地方志編纂委員會編，楊樹民主編：《渭南地區志》，西安：三秦出版社，1996 年。

74. 西安市地方志編纂委員會編，王建廷主編：《西安市志》，西安：西安出版社，1996 年。

75. 焉耆回族自治縣地方志編纂委員會編，蒲開夫等主編：《焉耆回族自治縣志》，西安：陝西人民出版社，1996 年。

76. 柞水縣志編纂委員會編，龍賡賢主編：《柞水縣志》，西安：陝西人民出版社，1998 年。

77. 洛陽市地方史志編纂委員會編，劉典立主編：《洛陽市志》，鄭州：中州古籍出版社，1999 年。

78. 高陵縣地方志編纂委員會編，馬力勇、程勇主編：《高陵縣志》，西安：

西安出版社，2000 年。

79. 陝西省地方志編纂委員會編，向立主編：《陝西省志‧水土保持志》，西安：陝西人民出版社，2000 年。

80. 四川省地方志編纂委員會編，周錫銀主編：《四川省志‧民族志》，成都：四川人民出版社，2000 年。

81. 烏魯木齊縣地方志編纂委員會編，楊再華主編：《烏魯木齊縣志》，烏魯木齊：新疆人民出版社，2000 年。

82. 吐魯番市市志編纂委員會編，鍾興麒、葛莘主編：《吐魯番市志》，烏魯木齊：新疆人民出版社，2002 年。

83. 甘肅省地方史志編纂委員會編纂，孫民主編：《甘肅省志‧概述》，蘭州：甘肅人民出版社，2003 年。

84. 涇源縣志辦公室編，楊友桐主編：《涇源縣志（1991～2000）》，銀川：寧夏人民出版社，2003 年。

85. 乾縣縣志編纂委員會編，袁富民主編：《乾縣志》，西安：陝西人民出版社，2003 年。

86. 高陵縣地方志編纂委員會辦公室編：《高陵名村》，內部發行，2008 年。

87. 光緒《永壽縣重修新志》，鄭德樞、趙奇令纂修，光緒十四年刻本。

88. 永壽縣地方志編纂委員會編，馬宏軒主編：《永壽縣志》，西安：三秦出版社，1991 年。

89. 陝西省地方志編纂委員會編，吳鎮烽編著：《陝西省志‧行政建置志》，西安：三秦出版社，1992 年。

90. 淳化縣志編委會編，張榮煒主編：《淳化縣志》，西安：三秦出版社，2000 年。

三、近人著述

1. 金吉堂：《中國回教史研究》，北平：成達師範，1935 年。

2. 慕壽祺：《甘寧青史略》，蘭州：蘭州俊華印書館，1936 年。

3. 范長江：《中國的西北角》，天津：大公報出版部，1937 年。

4. 民族問題研究會編：《回回民族問題》，延安：民族問題研究會，1941 年。

5. 白壽彝：《中國回教小史》，上海：商務印書館，1944 年。

6. 秦翰才：《左文襄公在西北》，重慶：商務印書館，1945 年。

7. 張含英等編著：《黃河上中游考察報告》，南京：水利委員會黃河治本研究團，1947 年。

8. 馬以愚：《中國回教史鑒》，上海：商務印書館，1948 年。

9. 吳景敖：《西陲史地研究》，上海：中華書局，1948 年。

10. 馬宵石《西北回族革命簡史》，上海：上海東方書社，1951 年。

11. 林幹：《清代回民起義》，北京：新知識出版社，1957 年。

12. 韓憲綱編著：《西北自然地理》，西安：陝西人民出版社，1958 年。

13. 王昱、李慶濤編：《青海風土概況調查記》，西寧：青海人民出版社，1985 年。

14. 秦瀚才：《左宗棠逸事彙編》，長沙：嶽麓書社，1986 年。

15. 陝西省農牧廳編：《陝西農業自然環境變遷史》，西安：陝西科技出版社，1986 年。

16. 高文遠：《清末西北回民之反清運動》，臺北：學海出版社，1988 年。

17. 賴存理：《回族商業史》，北京：中國商業出版社，1988 年。

18. 劉東聲、劉盛林編：《北京牛街》，北京：北京出版社，1990 年。

19. 葛劍雄：《中國人口發展史》，福州：福建人民出版社，1991 年。

20. 張天路、宋傳升、馬正亮著：《中國穆斯林人口》，銀川：寧夏人民出版社，1991 年。

21. 葉哈雅・林松、蘇萊曼・和龔著：《回回歷史與伊斯蘭文化》，北京：今日中國出版社，1992 年。

22. 丁國勇主編：《寧夏回族》，銀川：寧夏人民出版社，1993 年。

23. 丁宏主編：《回族、東鄉族、撒拉族、保安族民族關係研究》，北京：中央民族大學出版社，2006 年。

24. 胡振華主編：《中國回族》，銀川：寧夏人民出版社，1993 年。

25. 呼和浩特回族史編委會編，丹昌國主編：《呼和浩特回族史》，呼和浩特：內蒙古人民出版社，1994 年。

26. 丁宏：《東幹文化研究》，北京：中央民族大學出版社，1999 年。

27. 李文海等著：《中國近代十大災荒》，上海：上海人民出版社，1994 年。

28. 李並成：《河西走廊歷史地理（第一卷)》，蘭州：甘肅人民出版社，1995 年。

29. 吳建偉主編：《中國清真寺綜覽》，銀川：寧夏人民出版社，1995 年。

30. 朱慶葆、蔣秋明、張士傑：《鴉片與近代中國》，南京：江蘇教育出版社，1995 年。

31. 邱樹森主編：《中國回族史》，銀川：寧夏人民出版社，1996 年。

32. 馮福寬：《陝西回族史》，西安：陝西人民出版社，1997 年。

33. 曹樹基：《中國移民史》第六卷《清、民國時期》，葛劍雄主編，福州：福建人民出版社，1997 年。

34. 葛劍雄：《中國移民史》第一卷《導論》，葛劍雄主編，福州：福建人民出版社，1997 年。

35. 周偉洲：《陝西通史·民族卷》，郭琦，史念海，張豈之主編，西安：陝西師範大學出版社，1997 年。

36. 李鐵成主編：《慶陽農村經濟》，蘭州：甘肅文化化出版社，1997 年。

37. 林耀華：《民族學通論》，北京：中央民族大學出版社，1997 年。

38. 王國傑：《東幹族形成發展史——中亞西北回族移民研究》，西安：陝西人民出版社，1997 年。

39. 顧頡剛、王樹民：《甘青聞見錄》，蘭州：甘肅人民出版社，1988 年。

40. 費孝通、張之毅：《雲南三村》，天津：天津人民出版社，1990 年。

41. 霍維洮：《近代西北回族社會組織化進程研究》，銀川：寧夏人民出版社，2000 年。

42. 曹樹基：《中國人口史》第五卷《清時期》，葛劍雄主編，上海：復旦大學出版社，2001 年。

43. 侯楊方：《中國人口史》第六卷《1910～1953 年》，葛劍雄主編，上海：復旦大學出版社，2001 年。

44. 張中復：《清代西北回民事變：社會文化適應與民族認同的省思》，臺北：聯經出版社，2001 年。

45. 顧頡剛：《西北考察日記》，達濬，張科點校，蘭州：甘肅人民出版社，2002 年。

46. 管守新：《清代新疆軍府制度研究》，烏魯木齊：新疆大學出版社，2002 年。

47. 李並成：《河西走廊歷史時期沙漠化研究》，北京：科學出版社，2003 年。

48. 楊志玖：《元代回族史稿》，天津：南開大學出版社，2003 年。

49. 孫振玉主編：《回族社會經濟文化研究》，蘭州：蘭州大學出版社，2004 年。

50. 周衛平：《清朝至民國新疆禁毒研究》，碩士學位論文，新疆大學，2004 年。

51. 林涓：《清代行政區劃變遷研究》，博士學位論文，復旦大學，2004 年。

52. 馬尚林：《四川回族歷史與文化》，成都：四川人民出版社，2005 年。

53. 孫振玉：《明清回回理學與儒家思想關係研究》，北京：中國文史出版社，2005 年。

54. 方榮、張蕊蘭：《甘肅人口史》，蘭州：甘肅人民出版社，2007 年。

55. 韓敏：《清代同治年間陝西回民起義史》，西安：陝西人民出版社，2006 年。

56. 李逢春：《西寧史話》，北京：中國文聯出版社，2006 年。

57. 王明珂：《華夏邊緣：歷史記憶與族群認同》，北京：北京科學文獻出版社，2006 年。

58. 白壽彝主編：《中國回回民族史》，北京：中華書局，2007 年。

59. 胡雲生：《傳承與認同：河南回族歷史變遷研究》，銀川：寧夏人民出版社，2007 年。

60. 楊文炯：《互動　調適與重構：西北城市回族社區及其文化變遷研究》，北京：民族出版社，2007 年。

61. 姚忠德編著：《青海民間歌曲集錦》，西寧：青海人民出版社，2007 年。

62. 史紅帥：《明清時期西安城市地理研究》，北京：中國社會科學出版社，2008 年。

63. 喇秉德《青海回族史》，北京：民族出版社，2009 年。

64. 李尊傑主編：《河南百坊清真寺》，北京：民族出版社，2009 年。

65. 王建平編著：《中國陝甘寧青伊斯蘭文化老照片——20 世紀 30 年代美國傳教士考察紀實》，上海：上海辭書出版社，2010 年。

66. 路偉東：《清代陝甘人口專題研究》，上海：上海書店出版社，2011 年。

67. 史念海：《史念海全集（第四卷）》，北京：人民出版社，2011 年。

68. 安保：《離鄉不離土：二十世紀前期華北不在地主與鄉村變遷》，太原：山西人民出版社，2013 年。

69. 王建平編著：《中國內地和邊疆伊斯蘭文化老照片——畢敬士等傳教士的視角及解讀》，上海：上海辭書出版社，2012 年。

70. 樊如林：《近代西北經濟地理格局的變遷》，臺北：花木蘭文化出版社，2012 年。

71. 劉丹楓：《清代武進士仕途研究》，碩士學位論文，遼寧大學，2012 年。

72. 晏波：《近代甘肅東南地區政治地理研究》，上海：復旦大學博士學位論文，2012 年。

73. 安翔：《當代回族生計》，銀川：寧夏人民出版社，2013 年。

74. 侯文通主編：《西北五省（區）重要地方畜禽品種資源調查與研究》，北京：中國環境出版社，2013 年。

75. 馬冬雅：《當代回族音樂》，銀川：寧夏人民出版社，2013 年。

76. 王娟麗：《晚清時期西北地區鴉片問題研究》，碩士學位論文，遼寧大學，2013 年。

77. 李德寬：《當代回族飲食文化》，銀川：寧夏人民出版社，2014 年。

78. 張建平主編：《寶豐村調查》，北京：中國經濟出版社，2014 年。

79. 張萍：《區域歷史商業地理學的理論與實踐：明清陝西的個案考察》，西安：三秦出版社，2014年。

80. 趙維璽：《湘軍集團與西北回民大起義之善後研究》，上海：上海古籍出版社，2014年。

81. 楊風光：《清代關中回莊的社會變遷》，碩士學位論文，寧夏大學，2014年。

82. 樊瑩：《族群如何記憶——六盤山涇河上游「陝回」族群的民族學研究》，博士學位論文，蘭州大學，2014年。

83. 彭凱翔：《從交易到市場：傳統中國民間經濟脈絡試探》，杭州：浙江大學出版社，2015年。

84. 〔日〕太宰松三郎執筆：《中國回教徒研究》，東京：南滿洲鐵道株式會社庶務部調查課，1924年。

85. 〔日〕一氏義良編：《最新北中國寫真帖》，東京：東京市綜合美術印刷社，1938年。

86. 〔日〕中國農村調查刊行會：《中國農村慣習調查（第二卷)》，東京：岩波書店，1958年。

87. 〔瑞典〕多桑著，馮承鈞譯：《多桑蒙古史》，北京：中華書局，1962年。

88. 〔日〕田坂興道：《中國回教的傳入及其弘通》，東京：東洋文庫，1964年。

89. 〔美〕費正清、劉廣京編，中國社會科學院歷史研究所編譯室譯：《劍橋中國晚清史》，北京：中國社會科學出版社，1985年。

90. 〔美〕孔飛力著，謝亮生等譯：《中華帝國晚期的叛亂及其敵人》，北京：中國社會科學出版社，1990年。

91. 〔美〕保羅·康納頓著，納日碧力戈譯：《社會如何記憶》，上海：上海人民出版社，2001年。

92. 〔美〕芮瑪麗著，房德鄰等譯：《同治中興：中國保守主義的最後抵抗（1862～1874)》，北京：中國社會科學出版社，2001年。

93. 〔美〕杜贊奇著，王福明譯：《文化、權力與國家——1900～1942年的華北農村》，南京：江蘇人民出版社，2003年。

94. 〔美〕科尼利爾斯·奧斯古德著，何國強譯：《高蹺——舊中國的農民生活》，香港國際炎黃文化出版社，2007年。

95. 〔德〕馬克斯·韋伯著，王容芬譯：《儒教與道教》，桂林：廣西師範大學出版社，2008年。

96. 〔美〕弗朗西斯·亨利·尼科爾斯著，史紅帥譯：《穿越神秘的陝西》，西安：三秦出版社，2009年。

97. 〔荷〕皮爾·弗里斯著，苗婧譯：《從北京回望曼徹斯特：英國、工業革命和中國》，杭州：浙江大學出版社，2009 年。

98. 〔美〕拉鐵摩爾著，唐曉峰譯：《中國的亞洲內陸邊疆》，南京：江蘇人民出版社，2010 年。

99. 〔法〕布封著，孫建偉編譯：《自然史》，北京：外語教學與研究出版社，2010 年。

100. 〔美〕布徹、米內克、胡利著，耿文秀等譯：《異常心理學》，上海：上海人民出版社，2014 年。

101. Kwei Chungshu (1935). The Chinese Year Book: 1935~1936. Shanghai: The Commercial Press, Ltd.

102. Pillsbury, BL Kroll (1973). Cohesion and Cleavage in a Chinese Muslim Minority. Unpublished Ph. D. dissertation. New York: Columbia University.

103. Raphael Israeli (1978). Muslims in China: A Study in Cultural Confrontation. Surrey: Curzon Press.

104. Philip C. C. Huang (1985). The Peasant Economy and Social Change in North China. Stanford: Stanford University Press.

105. Marshall Broomhall (1987). Islam in China, a neglected problem. London: Darf Publishers, Ltd.

106. Ebdon D (1988). Statistics in Geography. 2nd edition with corrections. Oxford: Blackwell Publishers.

107. Dru C. Gladney (1991). Muslim Chinese: Ethnic Nationalism in the People's Republic. Cambridge: Harvard University Press.

108. Shujiang Li & Karl W. Luckert (1994). Mythology and Folklore of the Hui, a Muslim Chinese People. New York: State University of New York Press.

109. Jonathan N. Lipman (1997). Familiar Strangers: A History of Muslims in Northwest China. Seattle: University of Washington Press.

110. Dru C. Gladney (1998). Ethnic Identity in China: The Making o f a Muslim Minority Nationality. San Diego: Harcourt Brace College Publishers.

四、學術論文

1. 劉大鈞：《中國人口統計》，國民政府主計處統計局編：《統計月報》1931 年 11、12 月合刊。

2. 馬松亭：《中國回教的現狀——在埃及正道會講演》，《月華》1933 年第 16 期。

3. 陳長蘅：《人口》，民國實業部：《中國經濟年鑒》，上海：商務印書館，1934 年。

4. 單化普：《說陝西回亂初起時之地理關係》，《禹貢》1936 年第 11 期。

5. 竹籬：《回教在甘肅》，《新甘肅》1947 年第 2 卷第 1 期。

6. 片岡一忠：《從刑事案資料來看清朝的回民政策》，《史學研究》第 136 號，1976 年。

7. 片岡一忠：《有關光緒二十一、二十二年的甘肅回民起義》，《大阪教育大學紀要》第 27 卷第 2、3 號，1979 年。

8. Barbara L. K Pillsbury. The Muslim Population of China: Clarifying the Questions of Size and Ethnicity. Journal of Muslim Minority Affairs, Volume 3, Issue 2 Winter 1981.

9. 楊堃：《家族、婚姻發展史略說》，《北京師範大學學報》1982 年第 1 期。

10. 楊志玖：《元代回漢通婚舉例》，《元史三論》，北京：人民出版社，1985 年，第 156～162 頁。

11. Donald D. Leslie. Islam in Traditional China: A Short History to 1800. The Journal of Asian Studies, 1987, 77 (4).

12. 王信臣：《中華人民共和國成立前甘肅的皮筏運輸業》，《甘肅文史資料選輯》第 3 輯，1987 年。

13. 李鳳藻：《天成和商號》，《寧夏文史資料》第 17 輯，銀川：寧夏人民出版社，1987 年。

14. 丁萬祿：《陝西回族發展變遷的歷史考查》，《寧夏大學學報（社會科學版）》1988 年第 4 期。

15. 和龔：《明代西域入附回回人口及其分佈》，《內蒙古社會科學（漢文版）》1990 年第 2 期。

16. 王宗維：《清代中葉前西安地區回民的分佈和經濟生活》，西北大學西北歷史研究室編：《西北歷史研究》，西安：三秦出版社，1990 年，第 101～114 頁。

17. 馬汝珩：《從海富潤案件看乾隆對回族的統治政策》，《回族研究》1992 年第 1 期。

18. 〔日〕中田吉信撰，陳健玲譯：《清代回族的一個側面》，《回族研究》1992 年第 1 期。

19. 白壽彝：《關於開展回族史工作的幾點意見》，《白壽彝民族宗教論集》，北京：北京師範大學出版社，1992 年，第 238～241 頁。

20. 中田吉信《對同治年間西北回民起義領導者的評價》，《青海民族研究（社會科學版）》1993 年第 1 期。

21. 華立：《乾嘉時期新疆南八城的內地商民》，馬大正等主編：《西域考察與研究》，烏魯木齊：新疆人民出版社，1994 年，第 373～390 頁。

22. 申從新：《廣積煙時期宋西村見聞》，《戶縣文史資料》第 10 輯，1995 年。

23. 王煥林、崔庶、陳繼軍、梅桂森、鄔華根等：《中國軍人心理創傷後應激障礙的流行學調查》，《中華精神科雜誌》1996 年第 2 期。

24. 王永亮：《西北回族經濟活動史略》，《回族研究》1996 年第 2 期。

25. 戴玉景、郜瑞生、趙晉：《臨夏市回族體質特徵的初步研究》，《人類學報》1996 年第 3 期。

26. 馬平：《近代甘青川康邊藏區與內地貿易的回族中間商》，《回族研究》1996 年第 4 期。

27. 張世海《民國時期安多地區的回藏貿易》，《回族研究》1997 年第 2 期。

28. 張曉虹：《明清時期陝西歲時民俗的區域差異》，《中國歷史地理論叢》1997 年第 2 期。

29. 馬金寶：《論回族人口地理學研究的幾個問題》，《回族研究》1997 年第 3 期。

30. 王永亮：《靈州王氏家族與磁窯煤礦》，《回族研究》1998 年第 1 期。

31. 黃廷輝：《略談回族經濟史研究的歷史與現狀》，《回族研究》1998 年第 2 期；

32. 馬平：《回族婚姻擇偶中的「婦女外嫁禁忌」》，《西北民族研究》1998 年第 2 期；

33. 姜濤：《傳統人口的城鄉結構——立足於清代的考察》，《中國社會經濟史研究》1998 年第 3 期。

34. 胡雲生：《論清代法律中的回回問題》，《回族研究》1998 年第 4 期。

35. 趙世瑜：《明清華北的社與社火——關於地緣組織、儀式表演以及二者的關係》，《中國史研究》1999 年第 3 期。

36. 雷曉靜：《〈月華〉與社會調查》（《回族研究》2000 年第 2 期。

37. 王東平：《〈大清律例〉回族法律條文研究》，《回族研究》2000 年第 2 期。

38. 魯忠慧：《日本對中國伊斯蘭教研究概述》，《回族研究》2000 年，第 3 期。

39. 許敏：《試論清代前期鋪商戶籍問題——兼論清代「商籍」》，《中國史研究》2000 年第 3 期。

40. 馬海雲：《熟悉的陌生人——讀一部西北穆斯林史》，《回族研究》2000 年第 4 期。

41. 答振益：《1949～1999 年回族研究的回顧與思考》，《中南民族學院學報（人文社會科學版）》2001 年第 1 期。

42. 樊如森：《天津開埠後的皮毛運銷系統》，《中國歷史地理論叢》2001 年第 1 期。

43. 李玉尚、曹樹基：《咸同年間的鼠疫流行與雲南人口的死亡》，《清史研究》2001 年第 2 期。

44. 韓敏、李希哲：《清代乾隆年間西安城四鄉回民六十四坊考》，《伊斯蘭文化研究》2001 年第 3 期。

45. 答振益：《辛亥革命與民國時期回族文化運動》，《中南民族學院學報（人文社會科學版）》2001 年第 6 期。

46. 〔美〕喬納森‧李普曼撰，王建平譯：《論大清律例中的伊斯蘭教和穆斯林》，《回族研究》2002 年第 2 期。

47. 房建昌：《日本興亞院蒙疆連絡部與蒙古善鄰協會西北研究所始末及其對西北少數民族的調查研究》，《西北民族研究》2002 年第 3 期。

48. 〔日〕船田善之：《色目人與元代制度、社會──重新探討蒙古、色目、漢人、南人劃分的位置》，《蒙古學信息》2003 年第 2 期

49. 路偉東：《清代陝西回族的人口變動》，《回族研究》2003 年第 4 期。

50. 胡雲生：《河南回族掌教制度的歷史變遷》，《回族研究》2004 年第 1 期。

51. 李曉霞：《中國各民族間族際婚姻的現狀分析》，《人口研究》2004 年第 3 期。

52. 姚大力：《「回回祖國」與回族認同的歷史變遷》，劉東主編：《中國學術》第 1 輯，北京：商務印書館，2004 年，第 90～135 頁。

53. 鄧建鵬：《清代訟師的官方規制》，《法商研究》2005 年第 3 期。

54. 毛曉陽、金甦：《清代文進士總數考訂》，《清史研究》2005 年第 4 期。

55. 李恭忠：《客家：社會身份、土客械鬥與華南地方軍事化──兼評劉平著〈被遺忘的戰爭〉》，《清史研究》2006 年第 1 期。

56. 王平：《新疆回族駝運業的調查與研究》，《回族研究》2006 年第 3 期。

57. 李藏蓉：《編戶下的回民：以清朝杜文秀京控案爲例》，《清史研究》2007 年第 2 期。

58. 謝海濤：《科舉錄取名額分配制度發展形成的歷史》，《福建論壇（人文社會科學版）》2009 年第 1 期。

59. 安介生：《略論先秦至北宋秦晉地域共同體的形成及其「鉸合」機制》，《人文雜誌》2010 年第 1 期。

60. 路偉東：《清代陝甘回民峰值人口數分析》，《回族研究》2010 年第 1 期。

61. 路偉東：《羊頭會、鄉紳、訟師與官吏：同治以前關中地區回漢衝突與協調機制》，《回族研究》2010 年第 1 期。

62. 路偉東：《掌教、鄉約與保甲冊──清代戶口管理體系中的西北回族人口》，《回族研究》2010 年第 2 期。

63. 梁志平、張偉然：《清代府州縣學學額及專設學額的運作：基於長三角地區的研究》，《中國歷史地理論叢》2011 年第 1 期。

64. 鄧慧君：《清到民國時期晉商在甘寧青地區的經商活動》，《隴東學院學

報》2011 年第 5 期。

65. 路偉東：《宣統人口普查「地理調查表」甘肅分村户口數據分析》,《歷史地理》第 25 輯,上海：上海人民出版社,2011 年。

66. 韓曉莉：《社會變動下的鄉村傳統——《退想齋日記》所見清末民國年間太原地區的鄉村演劇》,《史學月刊》2012 年第 4 期。

67. 路偉東：《同治光緒年間陝西人口的損失》,《歷史地理》第 19 輯,上海：上海人民出版社,2012 年。

68. 王躍生：《從同姓不婚、同宗不婚到近親不婚——一個制度分析視角》,《社會科學》2012 年第 7 期。

69. 陳建平：《清末「甘肅新疆省」省名辨析》,《歷史教學》2013 年第 11 期。

70. 楊文炯、樊瑩：《清代西北「回民義學」研究》,《西北師大學報（社會科學版）》2013 年第 4 期。

71. 路偉東：《高陵十三村回族聚落群與清代陝甘回族人口分佈格局》,《歷史地理》第 28 輯,上海：上海人民出版社,2013 年。

72. 張萍、楊蕊：《制度與空間：明清西北城鎮體系的多元建構與經濟中心的成長——以西安、三原、涇陽爲中心的考察》,《人文雜誌》2013 年第 8 期。

73. 張中復：《我群意示的建構與解構——「華夏邊緣」論述與族群性研究》,丁宏主編：《回族對中阿經濟交流的貢獻：第二十次全國回族學研討會論文集》,銀川：寧夏人民出版社,2013 年,第 13～28 頁。

74. 丁明俊：《民國時期回族社團與共和政體構建》,《北方民族大學學報（哲學社會科學版）》2015 年第 3 期。

75. 孟文科：《同治回民戰爭後的民眾信仰、記憶與社會整合》,《貴州民族研究》2015 年第 5 期。

76. 路偉東：《清末民初西北地區的城市與城市化水平——一項基於 6,920 個聚落户口數據的研究》,《歷史地理》第 32 輯,上海：上海人民出版社,2015 年。

77. 楊曉春：《18 世紀下半葉中國内地回民分佈狀況初探——以清乾隆四十六年（1781）、四十七年的檔案資料爲中心》,劉迎勝主編：《元史及民族與邊疆研究集刊》第 29 輯,上海：上海古籍出版社,2015 年,第 212～226 頁。

後　記

　　因爲各種原因，這本小書在申請出版的過程中，遇到不少困難。現在終於可以付梓了。在此，我向所有提供過無私幫助的前輩、同仁以及各位朋友，表示衷心的感謝！

　　經常有學界的朋友問我是否是回族，在得到否定的回答後，接下來的問題又是爲什麼要在如此艱難的情況下做回族人口史的研究，潛意識裏似乎這樣費力不討好的題目理所當然的應該，而且也只能由回族學者來做。實際上，在回族史研究的隊伍中，不論過去還是現在，都有很多和我一樣並非回族、甚至不是穆斯林的研究者。從另一方面來看，這樣的疑問和不解也表明，在目前國內主流的史學研究中，與回族歷史相關的研究是相當小眾的。實際上，即便是在內陸亞洲民族歷史這樣更加宏大且專門的學科體系中，中國的回族史學也屬於比較邊緣的學科，儘管他的複雜性與學術性一點都不亞於那些西方話語主導下的所謂「顯學」。當下的回族史研究相當不易，研究者面臨的最直接困難是缺乏歷史文獻，但更大的阻力則是學術本身之外的複雜的現實因素。對於眾多從事回族研究的非穆林學者來講，後者的影響尤其顯著。也恰恰因爲如此，這些不同的視角的系統而深入的研究就變得不可或缺。

　　學術研究從起步到收穫，整個過程如同一粒種子從發芽到長成參天大樹，是慢慢培育成長起來的，而不是人爲修剪形塑出來的。每一位研究者從學生時代開始，對某一問題感興趣，進而研讀相關文獻，學習基本的學術規範，逐漸擁有屬於自己的研究題目和研究領域，最終進入到研究的層面並達到學術研究的最前沿，都要經歷一個漫長的學習和探索過程。而影響或決定

研究者最終研究方向和研究題目的因素，既有外在的各種機緣巧合，也有內在的個人不懈求索。2003 年，我在《回族研究》發表一篇討論清代陝西回民人口規模的小文章，現在來看這篇文章文筆不夠老道，史料不夠豐富，論證過程也存在一些問題。但投稿後很快收到了用稿通知，責任編輯馬金寶兄（現任《回族研究》主編）還打來電話問候，並轉達主編楊懷中先生的鼓勵與期許，這讓我非常感動，也備受鼓舞。這篇後來被收錄在《回族研究》創刊廿週年精品論文集中的文章，成爲我關注研究回族人口史的起點。

2005 年秋，經過統一的筆試和面試之後，我有幸投在葛劍雄先生門下，攻讀人口史的博士學位。基於之前的研究積累，在先生的建議下，我很自然的選擇清代西北人口作爲自己的研究方向。研究清代西北人口問題，同治年間的西北戰爭與回族人口是無法迴避，必須面對而且要解決的問題。而撰寫一部較爲系統完整的《中國回族歷史人口地理》是我長期以來的一個夢想。從第一篇論文發表，到現在這本小書結稿，一轉眼，前後居然有 14 個年頭了。這期間，艱難完成的博士論文與倉促出版的第一部專著雖然有大量篇幅涉及清代西北回族人口問題，但受當時個人研究水平所限，很多專題沒有涉及，有所研究者也存在不少問題。現在集結完稿的這本小書是我博士畢業這些年來不斷思考、繼續探索的結果，在修改、補充、完善了原有研究的基礎上，又開拓增加了更多新的研究課題和研究內容，算是朝著《中國回族歷史人口地理》這一個更宏大目標邁進的一小步吧，接下來還有很長的路要走。

2015 年 12 月 28 日，我前往塞上，參加寧夏社科院主辦的《回族研究》雜誌創刊人和名譽主編、寧夏社科院名譽院長楊懷中先生捌秩華誕學術研討會。在臨近歲末的寒冬裏，仍然執著前往，首先出於對一位老學者的尊重。在極其艱難的情況下，以一己之力，創辦一個刊物，堅守學術底線並持之以恆地堅持二十餘年，使之成爲國內外中國回族問題研究最重要的陣地，是相當不容易的。非親身經歷者，很難體會其中篳路藍縷的艱辛。除此之外，冒著嚴寒執著前往也出於對楊先生身後所站立的眾多優秀的回族學者和這樣一個更廣泛的群體的關注。自唐宋以來，西來的回回先民在漢地娶妻生子，落地生根，與漢民同村共井，互爲鄉梓，歷一千數百年發展而臻於極盛，至清咸同之際人口規模已近千萬。對這樣一個龐大群體的歷史人口進行研究，是中國人口史和中國回族史的重要內容。尤其面臨當下複雜的國內和國

際政治社會背景，相信這樣的研究更具有重要的現實意義。而學者所能做的，是理性、客觀、公正的開展紮實的學術研究和眞正的學術討論，這比盲人摸象、各執一詞的爭論，更有意義，也更爲迫切。

　　讀書的樂趣在於自娛自樂，但眞正展開研究，並希望有所創新，離不開長時間、全身心的投入、堅持與苦熬。這本小書撰寫過程中，手頭有另一部手稿幾乎在同步進行，中途心力憔悴，疲憊不堪，數次都想放棄。本書最終能夠完成，離不開我的兄長復旦史地研所樊如森教授在背後拿著小鞭子不停地督促、鼓勵和更多實質性的幫助。獨學而無友，則孤陋寡聞。感謝回族學界各位師友，因爲大家的關心、鼓勵與支持，才能在困苦之中發現並分享研究的樂趣。復旦史地所張曉虹教授專注歷史文化地理研究，尤其關注西北穆斯林和伊斯蘭文化相關問題，每與討論，總能給予熱情的鼓勵和眞誠的幫助。尤其印象深刻的是有幸在 2014 年和 2016 年先後兩次隨同前往亞洲內陸邊疆實地考察，甘苦與共，收穫極多。這對本人的研究和本書的撰寫提供了直接的幫助。書稿完成後，復旦史地所姚大力教授、王建革教授、安介生教授和人大清史所蕭淩波博士等師友給予了專業的指導和鼓勵，在此致謝。

　　衷心感謝復旦史地所提供的一流的科研環境，感謝各位師長的教誨與各位同仁的幫助。感謝臺北花木蘭文化事業有限公司聯絡人楊嘉樂主任和復旦大學國際關係與公共事務學院鄭宇教授等在尋求出版過程中給予的幫助和支持。復旦大學出版社總編輯王衛東師兄、山東出版集團數字出版傳媒總編輯趙發國師兄和山東齊魯書社夏建立編輯在圖書出版和文稿校對方面提出了專業的指導意見和幫助。我的學生梁雨琦、趙域偉、周星瑩以及張力、范宇傑、王斐等諸位同學對文稿進行了校對。一併致謝！我的妻子朱小鋒律師任勞任怨，關懷備至，鼎力支持。正是因爲大家共同努力，才使得本書能以現在的面貌正式出版。

　　本書得到復旦大學亞洲研究中心 2017 年度課題研究類項目和國家社會科學 2016 年度重大項目（16ZDA119）資助，在此致謝！

路偉東

2017 年 9 月 29 日　於復旦光華樓